Mauritius

Friederike von Bülow

Neu: Exklusive Reisetipps auf www.merian.de!

- **Gratis mehr Informationen:**
  Entdecken Sie den Premium-Bereich von www.merian.de

- **Topaktuelle Zusatznutzen:**
  Reiseberichte, Shopping, Tipps und Informationen

- **Neue Reiseziele entdecken:**
  über 5000 Destinationen weltweit

- **Einfach auf www.merian.de**
  Ihren persönlichen Zugangscode eingeben: **20050015**

Inhalt

4 **Mauritius stellt sich vor**
Interessantes rund um Ihr Reiseziel

14 **Gewusst wo …**
Die besten Tipps und Adressen der Insel

16 **Übernachten**
Exklusive Insel – vielfältige Hotels

18 **Essen und Trinken**
Jeder wird zum Schlemmen verführt

22 **Einkaufen**
Boutiquen, Schmuckläden, bunte Märkte

26 **Feste und Events**
Auf der Insel gibt es immer etwas zu feiern

30 **Sport und Strände**
Paradiesische Verhältnisse für Sportbegeisterte und Sonnenanbeter

36 **Familientipps – Hits für Kids**
Flach abfallende Strände und weicher Sand

40 **Unterwegs auf Mauritius**
Kompakte Beschreibungen aller wichtigen Orte, Sehenswürdigkeiten und Ausflugsziele mit vielen Freizeit- und Kulturtipps

42 **Port Louis**
Quirliges Leben in der Hauptstadt

52 **Der Norden**
Traumstrände, tolle Sport- und Shoppingangebote

58 **Der Osten**
Die Küste des Windes

64 **MERIAN-Spezial**
Hochzeit unter Palmen: Das »Jawort« am Strand, im Boot oder unter Wasser!

66 **Der Süden**
Raue Berge, grüne Urwälder, rauschende Wasserfälle

10 **MERIAN-TopTen**
Höhepunkte auf Mauritius, die Sie unbedingt sehen sollten
Klappe vorne

10 **MERIAN-Tipps**
Tipps und Empfehlungen für Kenner und Individualisten
Klappe hinten

Erläuterung der Symbole

Für Familien mit Kindern besonders geeignet

Diese Unterkünfte haben behindertengerechte Zimmer

In diesen Unterkünften sind Hunde erlaubt

CREDIT *Alle Kreditkarten werden akzeptiert*

Keine Kreditkarten werden akzeptiert

Übernachtung für zwei Personen im Doppelzimmer mit Frühstück:

●●●●	*ab 225 €*	●●	*ab 100 €*
●●●	*ab 150 €*	●	*bis 100 €*

Preise für ein Menü ohne Getränke und Trinkgeld:

●●●●	*ab 50 €*	●●	*ab 20 €*
●●●	*ab 30 €*	●	*bis 20 €*

70 **Der Westen**
Nationalparks, Naturwunder und weiße Strände

78 **Routen und Touren**
Die schönsten Ausflüge und Wanderungen

80 **Von Rivière du Rempart nach Mahébourg**
Eine Fahrt entlang der Küste des Windes

82 **Der Inselwesten**
Pulsierendes Großstadtleben, Bergluft und heiliges Wasser

84 **Der Süden**
Reise durch Wälder, über Berge, zu den Naturschauspielen der Insel

86 **Rundfahrt durch den Norden**
Meterhohes Zuckerrohr und fröhliche Menschen

87 **Wanderung auf den Piton de la Petite Rivière Noire**
Weg zum Gipfel der Ruhe

88 **Pamplemousses Gardens**
Ein Ausflug zu wundersamen Pflanzen und Tieren

90 **Ausflug zur Nachbarinsel Rodrigues**
Spaß an Langsamkeit und Ursprünglichkeit

94 **Wissenswertes über Mauritius**
Praktische Hinweise und Hintergrundinformationen

96 **Geschichte**
Jahreszahlen und Fakten im Überblick

98 **Sprachführer**
Nie wieder sprachlos

102 **Essdolmetscher**
Die wichtigsten kulinarischen Begriffe

106 **Mauritius von A–Z**
Nützliche Adressen und Reiseservice

115 Kartenatlas
122 Kartenregister
124 Orts- und Sachregister
128 Impressum

Karten und Pläne

Mauritius .... *Umschlagkarte vorne*
Port Louis .... *Umschlagkarte hinten*
Curepipe *73*
Rodrigues *91*
Kartenatlas *115–123*

Die Buchstaben-Zahlen-Kombinationen im Text verweisen auf die Planquadrate der Karten, z. B.
---> S. 118, C 5 Kartenatlas
---> S. 73, b 2 Detailkarte innen

TÜV SÜD – 1. GEPRÜFTER REISEFÜHRER – MERIAN *live!*

Schnelle Orientierung	*Klarer Aufbau. Übersichtliche Seiten, Verzeichnisse und Karten*
Kompakte Informationen	*Alles über Ziele und Umgebung in Kürze, viele nützliche Tipps*
Aktuelle Inhalte	*Angaben werden laufend kontrolliert und aktualisiert*

Mauritius stellt sich vor

Im Einklang mit der Schönheit der Natur: Der hoteleigene Strand des 1998 eröffneten Luxushotels Le Prince Maurice, an der Nordostküste der Insel gelegen, bietet Erholung suchenden Gästen Ruhe, Privatsphäre und üppig-grüne Beschaulichkeit.

Weiße Sandstrände sind nicht alles, was Mauritius zu bieten hat: Hier leben die freundlichsten Menschen der unterschiedlichsten Kulturen in einer abwechslungsreichen Landschaft.

Perle im Indischen Ozean

Langsam kommt das Motorboot durch das türkisfarbene seichte Wasser auf mich zu. Behutsam umschifft es die kleinen Korallenbänke. Der Kapitän des Bootes wirft geschickt das Seil auf den Steg, springt hinterher und macht das Boot fest. Ich schaue in ein strahlendes Lächeln. In ein mauritianisches Lächeln. Eine freundliche Hand streckt sich mir entgegen. »Bonjour! Comment allez-vous?« Wie es mir geht? Was für eine Frage. Bestens, natürlich. Wie soll es einem schon gehen, wenn man sich auf dieser Trauminsel befindet ...

Mithilfe des Kapitäns klettere ich in sein gepflegtes Boot. Der Motor beginnt zu grummeln. Vorsichtig schippern wir durch den Korallengürtel, der fast ganz Mauritius umgibt und so die Küste vor heftigen Wellen des Indischen Ozeans schützt – was die Strände vor allem für Kinder zu einem herrlichen Spielplatz mit seichtem Wasser macht. Die Farbe des Wassers wechselt von Türkis zu einem satten Dunkelblau. Die angepflanzten Kokospalmen, die den Strand säumen, verschwinden langsam in der Ferne. Kapitän Rakesh beginnt mit mir auf Kreolisch zu plaudern, jener eigenständigen Sprache, die inzwischen von mehr als zehn Millionen Menschen auf der Welt gesprochen wird. Früher galt sie als primitive und entartete Form des Französischen, heute erkennen auch Wissenschaftler das Kreolische als eigenständige Sprache an. Ich versuche, etwas zu verstehen. Zum Teil gelingt es, aber ich erkenne nur den groben Sinn, verstehe keine Einzelheiten. Ich bitte Rakesh, Englisch mit mir zu sprechen, die offizielle Amtssprache von Mauritius. Er lacht und wiederholt seine Frage auf Englisch. Kein Problem. Jeder spricht auf Mauritius neben Kreolisch auch Französisch und Englisch.

Rakesh schnallt mir dann eine Schwimmweste um, darüber eine Gurtkonstruktion. Ich klettere auf die Plattform am Heck des Bootes. Über mir breitet sich der große Schirm aus, der mich in den nächsten zehn Minuten rund 150 Meter über der Wasseroberfläche halten wird. Parasailing

Ideale Wassersport-Verhältnisse bietet das Hotel Le Paradis in Le Morne Brabant.

heißt das Abenteuer, auf das ich mich gerade einlasse.

Langsam flattere ich gen Himmel. Da baumeln sie nun, meine Beine. Im windigen Nichts. Und vor mir breitet sich die gesamte Nordküste von Mauritius aus: eine grüne, wundervolle Insel, nur 64 Kilometer lang und 55 Kilometer breit. Eine Fläche von 2046 Quadratkilometern – das ist noch nicht einmal so groß wie das Saarland.

Eigentlich flattere ich bereits so hoch, dass ich schon fast die Insel **La Réunion** – sie gehört als Département zu Frankreich – entdecken müsste. Sie ist nur rund 160 Kilometer entfernt und an klaren Tagen sogar von den Berggipfeln Mauritius' aus zu sehen. Auch La Réunion gehört, wie Mauritius und die kleine Nachbarinsel **Rodrigues**, zur Inselgruppe der **Maskarenen**. Dieser Name erinnert an den portugiesischen Seefahrer Don Pedro Mascarenhas, der als Entdecker von Mauritius gilt. Bis nach Madagaskar hingegen sind es schon 800 Kilometer und bis zur ostafrikanischen Küste sogar 2000 Kilometer.

Weit unter mir gibt Kapitän Rakesh Gas. Die Motorschraube lässt das Meer weiß aufschäumen. Mein Schirm tut einen Ruck, und ich wehe unter meiner überdimensionalen Plastiktüte hin und her. Etwas unsicher kralle ich mich an den Gurten fest. Als sich der Schirm wieder beruhigt, ich mich wieder etwas entspannter halten kann, schaue ich mich um – und mein Blick fällt auf **Port Louis,** die Hauptstadt und Lebensader an der Westküste der Insel. Ein wunderbarer Mix aus Alt und Neu: moderne Hochhäuser aus den letzten Jahren im Inneren der City. Alte, kleine Holzhäuser an kleinen Gassen am äußeren Rand der Stadt. Und noch zahlreiche Kolonialhäuser, die nicht von einem der vielen Zyklone von der Bildfläche der Insel geweht wurden. Und dann natürlich die Galopp-Rennbahn Champ de Mars. Schon im Jahr 1812 wurde sie gebaut. Damit ist sie – nach Ascot in England – die zweitälteste der Welt. Wochenende für Wochenende treffen sich hier Pferdeliebhaber und Wettfreudige. Mit oder ohne Hut, mit oder ohne Krawatte. Je nachdem, was für einen Platz man an der Galoppstrecke bevorzugt.

Toleranz und Respekt lernt man auf Mauritius von Kindesbeinen an. Ein buntes Völkergemisch lebt auf der kleinen Insel friedlich zusammen.

In der Innenstadt rund um den Hafen pulsiert das Leben. Jeder tut, was er tun will oder auch muss. Immer mit einem freundlichen Gesicht. Ohne Hektik, ohne sich über seine Mitmenschen zu mokieren. Egal, ob der Verkehr auf der Nord-Süd-Trasse und Hauptstraße der Insel in Städten wie Port Louis, Quatre Bornes oder Curepipe wieder einmal kollabiert oder sich die Menschenschlangen an den Bushaltestellen bereits auf der Straße kringeln. Egal, ob die Sonne gnadenlos vom Himmel brennt oder die Wolken sich entschlossen haben, Tonnen von Wasser auf die Insel zu schütten und die tropische Luftfeuchtigkeit die Insel dabei zur Waschküche werden lässt.

Natur pur erwartet Besucher in der Bucht Cotton Bay auf der Nachbarinsel Rodrigues.

Schaut man diesen Menschen ins Gesicht, direkt in die Augen, freuen sie sich. Sie grüßen und lächeln. Die Mauritianer sind ein überaus freundliches und stolzes Volk. Ein Volk, das sich erst im 17. Jahrhundert bildete, denn weder die Araber noch die Portugiesen hatten zuvor Interesse an einer systematischen Besiedlung des kleinen unbewohnten Eilandes vor Madagaskar. Erst die Holländer brachten damals Sklaven aus Madagaskar und Sträflinge aus Batavia, dem heutigen Indonesien, mit auf die Insel. Sie sollten helfen, Mauritius als Stützpunkt für Handelsschiffe auf dem Wege von Afrika nach Indien auszubauen. Es hatte sich schnell herumgesprochen, dass die kleine Insel mitten im Indischen Ozean viel zu bieten hatte. Vor allem Edelhölzer von besonders hoher Qualität. Später dann kamen Menschen aus ganz Europa – vor allem Frankreich –, aus Afrika, Indien und China dazu. Von den begehrten Edelhölzern findet man heute übrigens keine Spur mehr. In den folgenden Jahrhunderten wurde die Insel nach und nach abgeholzt.

Land des Lächelns und der Liebenswürdigkeit

Eine Windböe greift unter meinen Schirm und rüttelt mich in eine andere Position. Mein Lieblingsberg wird sichtbar, einer der skurrilsten Berge auf der Insel: Er sieht ein bisschen aus wie ein Mann, um dessen Schultern ein großer schwarzer Umhang liegt. Er wurde benannt nach dem ersten holländischen Gouverneur von Mauritius, Admiral Pieter Both. Früher wurde auf der Bergkette direkt bei Port Louis sogar für ankommende Schiffe geflaggt: Die rot-blau-gelb-grün gestreifte mauritianische Fahne flatterte neben der des Herkunftslandes des ankommenden Schiffes im Wind. Heute stehen nur noch Antennen auf dem Berggipfel und sorgen dafür, dass auch mauritianische Geschäftsleute per Handy mit der Außenwelt in Verbindung treten können. Aber auch die Besucher der Insel profitieren heute von den technischen Neuerungen. Fast wie zu Hause lässt es sich auch von Mauritius aus per Mobiltelefon unkompliziert kommunizieren.

Rakesh zieht sein Boot langsam nach links. Port Louis verschwindet aus meinem Gesichtsfeld. Stattdessen eröffnet sich mir der mittlere Teil der Nordküste mit dem kleinen Ort **Grand Baie**. Er liegt in der gleichnamigen Bucht, in der die meisten Touristen zu finden sind. Und das zu Recht: Wer einmal dem ruhigen Hotelleben entfliehen will, hat hier die besten Möglichkeiten, denn selbst die Hauptstadt Port Louis beginnt ihren abendlichen Städteschlaf bereits ab etwa 18 Uhr. In Grand Baie hingegen findet man zahlreiche Restaurants, Cafés und Bars – und das länger als bis Geschäftsschluss.

Hotels mit Verwöhnprogramm

Grand Baie lebt für die Urlauber und durch die Urlauber. Besonders in der mauritianischen Hauptsaison zwischen November und März. In diesem kleinen Küstenort steht auch das bisher »ungeschlagene« Luxushotel, das Royal Palm, beliebte Ferienadresse von Prominenten. Jetzt allerdings hat es harte Konkurrenz bekommen: Im La Residence an der Ostküste werden den Gästen vom Zimmerbutler die Koffer ausgepackt und die Kleidungsstücke aufgebügelt. Luxus pur.

Mauritius ist teuer, kein Charter-Ziel für eine Woche billigen Kurzurlaubs. Und dennoch: In den letzten Jahren ist der Tourismus zu einem der wichtigsten Wirtschaftszweige der Insel geworden, neben dem Anbau von Zuckerrohr – inzwischen produziert die Insel rund eine Millionen Tonnen Zucker pro Jahr – und der Textilindustrie. Die gesamte Zuckerproduktion liegt übrigens noch heute in den Händen weniger Familien – die Nachfahren der Großgrundbesitzer von einst.

Neue Hotels werden gebaut, exklusive Einkaufszentren entstehen. Man will den Urlaubern aus Europa, Indien und Afrika noch mehr bieten als anderswo. Wer gern shoppen geht, kommt hier voll auf seine Kosten: Ob es nun traditionelle Kleidung oder Designermode ist, ob indischer Silberschmuck oder Diamanten in Gold gefasst – das Angebot lässt so gut wie keine Wünsche offen.

Majestätisch von Queen Victoria bewacht: das im Kolonialstil errichtete Government House in Port Louis – übrigens das älteste Gebäude der Insel (1738).

Was indes noch immer Seltenheitswert hat, ist die von anderen Ferienparadiesen gewohnte Abendunterhaltung. Unternehmungslustige, die nach dem Dinner nicht im Hotel bleiben möchten, haben rare Auswahlmöglichkeiten. Es bleiben nur eine Hand voll akzeptabler Diskotheken und wenige Spielcasinos. Wer sich also auf Mauritius einen vollanimierten tropischen »Ballermann«-Urlaub erhofft, sollte ein anderes Ziel wählen.

Urlauber, die nach Mauritius kommen, werden die wahre Erholung finden. Ein Mix aus viel Ruhe und wenig Trubel an wundervollen weißen Sandstränden, in einsamen Bergregionen oder grünen Zuckerrohrfeldern. Und: ein Sportangebot, das seinesgleichen sucht. Wassersport, Golf, Reiten, Tennis. Viele Aktivitäten – vor allem die aus der Wassersportpalette – sind im Preis der Hotels meist inbegriffen. Dazu kommt eine Vielzahl von Ausflugsmöglichkeiten: Ausflüge in die Geschichte der Insel, in die Kultur und die Natur. Ausflüge in andere Welten, die in Europa nur schwer zu finden sind: Freundlichkeit, ein friedliches und sich gegenseitig akzeptierendes Miteinander von Kulturen und Religionen. Bei der letzten Volkszählung 1983 lebten auf Mauritius 87 religiöse Organisationen und Sekten. Die Hauptreligionen sind allerdings Hinduismus, Christentum, Islam und Buddhismus. Auf den Straßen sieht man moslemische Frauen mit Kopfbedeckung, Männer mit Turbanen, westlich gekleidete Mädchen auf dem Weg in die Disco. Die katholischen Kirchenglocken läuten zum Gottesdienst, nur wenige Meter entfernt ruft der Muezzin vom Turm der Moschee zum Gebet. Jeder lebt seinen Glauben, jeder seine eigene Kultur. Über Religion gesprochen wird freilich nur zu Hause, niemals in der Öffentlichkeit. Nicht einmal beim Friseur: Manchmal findet man sogar Schilder an den Türen der Salons: »Hier wird nicht über Religion und Politik gesprochen.« Nur hin und wieder – so erzählte mir ein Mauritianer mohammedanischen Glaubens – würde er merken, dass er einer Minderheit angehört. Während seiner Arbeit müsse er mehr tun, um Anerkennung zu finden.

Friedliches Miteinander von Kulturen und Religionen

Zentrum des islamischen Glaubens: Die Jummah-Moschee wirkt wie ein ruhender Pol in der Hektik des Handelszentrums von Port Louis.

Seit 1968 ist Mauritius unabhängig – eine parlamentarische Demokratie. In regelmäßigen Abständen wird gewählt. Der Premierminister leitet die Regierungsgeschäfte, der Staatspräsident übernimmt die repräsentativen Aufgaben. Dabei ist die politische Bindung an die ehemaligen Kolonialherren noch allgegenwärtig. Mauritius ist Mitglied des englischen Commonwealth of Nations.

Politik und Tradition

Rakesh steuert sein Boot weiter hinaus aufs Meer. Es wird allmählich stürmischer für mich hoch oben über dem Geschehen. Ich schaue hinunter, wo ungezählte Surfer übers Wasser zischen, hier und da ein paar Wasserskifahrer. Das Meer ist tiefblau, dahinter beginnt das satte Grün der tropischen Landschaft.

Die generell sehr viel windigere Ostküste mit ihren langen weißen Sandstränden und zahlreichen Hotels und auch den Süden der Insel kann ich leider nicht mehr aus der Vogelperspektive betrachten. Grand Baie ist der letzte Ort, den ich erkennen kann, bevor mich Rakesh langsam wieder aufs Schiff hinunterzieht.

Nicht nur das Meer ist im südlichen Teil von Mauritius sehr viel rauer als im Norden. Auch die Natur. Die Berge sind höher, Zuckerrohr- und Ananasfelder werden weniger. Stattdessen bestimmen Tee- und Kaffeeplantagen das Bild. Landschaftlicher Höhepunkt ist der wunderschöne und fast menschenleere **Parc National Gorges de la Rivière Noire,** von dem nicht weit entfernt der Wasserfall des **Rivière du Cap** in die Tiefe stürzt. Eindrucksvoll der Hindu-Tempel am **Grand Bassin,** dessen Wasser als ebenso heilig gilt wie das des Ganges in Indien.

Und im Ort **Le Gris Gris**, dem fast südlichsten Punkt von Mauritius, kann man einen besonders spektakulären Blick auf den fantastischen Indischen Ozean werfen. Hier scheint die Welt irgendwie ein Ende zu haben ...

Ehemaliger Fluchtpunkt für Sklaven

Der südwestlichste Zipfel von Mauritius war noch bis vor nicht allzu langer Zeit die am wenigsten entwickelte Region der Insel. Straßen waren kaum befahrbar, Ortschaften gab es nur wenige. Zu Zeiten der Sklaverei flüchteten viele Schwarze vor ihren weißen Herren hierher. Noch heute ist deutlich zu erkennen, dass die Bevölkerung im Süden überwiegend afrikanischer oder madegassischer Herkunft ist.

Ein kleines Stück Indien auf Mauritius: Blick auf die Tempelanlage Grand Bassin mit ihrem See, dessen Wasser für Hindus heilig ist.

Faszination Sega

Eigentlich nicht verwunderlich, dass sich hier, abseits von Zivilisationseinflüssen, die **Sega** – Volksmusik und Tänze der Sklaven – am ursprünglichsten erhalten hat. Die Sega ist heute ein Kulturträger auf Mauritius. In fast allen Hotels werden entsprechende »Folklore«-Abende veranstaltet. Es ist schwer, sich dieser für uns doch im Grunde fremden Musik zu entziehen, fast unmöglich, dabei still stehen zu bleiben. Die Töne drängen sich ins Gehör, verlangen geradezu nach Bewegung. Ich kenne kaum jemanden, der sich nicht hat mitreißen lassen, der nicht nach kürzester Zeit mit den Beinen wippte oder sogar ebenfalls auf der Tanzfläche verschwand.

Anfang der 60er-Jahre wurde die Sega auf Mauritius noch milde belächelt. Als unkultivierten Lärm bezeichnete man die Musik der einstigen Sklaven. Doch exakt die Reisenden von heute haben diese Musik wieder zum Leben erweckt. Denn genau sie waren es, die von ihren Ferienerlebnissen, von den bunten Partys und der mitreißenden Musik auf der Insel berichteten. Mehr und mehr Besucher erkundigten sich nach diesen Partys; erste Hotels begannen, Sega-Abende zu veranstalten. Die Sega wurde wieder zu einem wichtigen Kulturbestandteil von Mauritius. Kaum ein Besucher möchte heute in einem guten Hotel auf einen Abend mit der traditionellen Musik verzichten.

Natürlich hat sich auch die Sega im Lauf der Jahre ein bisschen verändert und sich dem Geschmack der heutigen Generation angepasst. Ihr Stil ist heute auch abhängig davon, welche Tanz- und Musikgruppen auftreten. Einige Bands spielen beispielsweise auf traditionellen indischen Musikinstrumenten. Andere wieder benutzen auch hochmoderne Instrumente wie elektrische Gitarren oder Keyboards.

Sega-Darbietungen faszinieren durch mitreißende Rhythmen und die erotischen Hüftschwünge der mauritianischen Tänzerinnen.

Nur noch wenige Meter trennen mich jetzt vom Boot. Das Seil wird kürzer und kürzer. Kapitän Rakesh schaut zu mir hoch und lächelt wieder sein mauritianisches Lächeln. Auf dem Boot angekommen, hilft er mir, mich aus der Gurtkonstruktion zu befreien, und lädt mich ein, doch bald ein weiteres Mal mit ihm zu fliegen. Gern, antworte ich. Rakesh bringt mich zurück zum Strand. Ich setze meine Füße auf festen Boden und bin nicht gerade unglücklich darüber, wieder den warmen weißen Sand zwischen meinen Zehen zu spüren. Einer der Kellner am Strand grinst mich an und fragt, ob ich einen Drink gebrauchen könne. Ein mauritianischer Kaffee täte jetzt gut. Ich setze mich also an die Strandbar und genieße den Trubel. Es war eben doch sehr einsam da oben ...

Eine Inselschönheit bei der Vorführung der Sega – Musik und Tanz der Mauritianer. Die Veranstaltungen werden von den größeren Hotels organisiert.

Heute aber scheint ein bisschen Aufregung in der Luft zu liegen, das Personal über den normalen Service-Bereich hinaus beschäftigt zu sein. Ich frage Abdool, den Chef der Beach-Bar, was denn los sei. Eine Hochzeit, lautet seine Antwort. Ein junges Pärchen aus Schottland ist nach Mauritius gekommen, um sich hier das Jawort zu geben. Durchaus nichts Exzentrisches: Mauritius ist eine der Lieblingsinseln für Heiratswillige und andere Verliebte. Abdool erzählt, dass gestern ein Ehepaar aus Deutschland eingetroffen sei, das vor 25 Jahren hier auf Mauritius geheiratet hat. Heute sind sie mit ihren zwei Töchtern hier, die auch ihre Freunde mitgebracht haben. Ein kleines Familienfest soll es am Ort der Hochzeit geben. Liebevoll wird einer der schönsten Plätze auf der Terrasse ausgewählt. Offensichtlich hatte man sich erkundigt, wo das damalige Brautpaar, nach der Trauungszeremonie am Strand, gesessen hatte, um das Hochzeitsessen mit Freunden zu genießen. Ein Tisch wird zurechtgerückt und eine weiße Tischdecke aufgelegt. Blumenschmuck und kleine bunte Samen auf der weißen Tischdecke lassen ihn fröhlich und feierlich zugleich aussehen.

Traumhochzeit und Flitterwochen

Als das Ehepaar mit seinen beiden Töchtern das Terrassenrestaurant betritt, stehen der einstigen Braut die Tränen in den Augen. Es sähe ja fast so aus wie damals, freut sie sich, und greift nach der Hand ihres Mannes. Auch die Mädchen sind begeistert. Das kleine Familienfest scheint perfekt. Eltern und auch ihre beiden Kinder – um die 20 Jahre jung – genießen dieses Gemeinschaftserlebnis.

Nur Jugendliche im Alter zwischen 13 und 17 Jahren mit ihren Eltern trifft man auf Mauritius selten. Eigentlich schade, denn diese Insel bietet wirklich für alle den ersehnten Urlaubsspaß – und maximale Erholung.

Gewusst wo …

Die Hauptstadt Port Louis präsentiert sich dem Ankömmling mit ihren vielen Facetten: palmengesäumte Uferpromenade, Gebäude im traditionellen Kolonialstil und imposante Hochhäuser wie das moderne Einkaufszentrum Caudan Waterfront.

Wohnen im Luxushotel oder im Bungalow, kreolische und internationale Küche, Shopping im Einkaufscenter oder am Strand. Baden und Kultur – Mauritius bietet für jeden Geschmack etwas.

Übernachten

Mauritius ist eine exklusive Insel; die Übernachtungsmöglichkeiten sind dennoch vielfältig.

Unaufdringliche Eleganz und angenehme Kühle umfangen den Gast in der Lobby des Luxushotels Le Saint-Géran. Zum wunderschönen Strand Belle Mare Plage sind es nur ein paar Schritte.

Seit den diversen Terroranschlägen wie beispielsweise dem auf Bali und der Tsunami-Katastrophe erlebt die Insel im östlichen Indischen Ozean derzeit einen Boom, der sich vor allem auf die Auslastung der Firstclass-Häuser auswirkt. Wer auf Mauritius in Vier- bis Sechs-Sterne-Häusern Urlaub machen will, muss sehr früh buchen.

Ein Großteil der Hotels liegt deutlich über dem Mittelklassestandard. Und es gibt beispielsweise nicht einen einzigen Campingplatz auf der Insel. Inzwischen werden zwar auch einfache Apartments für Selbstversorger oder kleinere Gästehäuser im Landesinneren angeboten, aber ein Urlaub auf Mauritius wird deswegen noch lange nicht zu einem wirklich preiswerten Vergnügen. Eines steht jedoch fest: Nirgendwo bekommen Sie so viel freundlichen und zuvorkommenden Service für Ihr Geld, dazu hervorragendes Essen und Wassersport vom Feinsten (der häufig bereits im Hotelpreis enthalten ist).

Unterkunft und Service

Fast alle Touristenhotels wurden im Laufe der letzten 30 Jahre an den schönsten Küstenstreifen im Norden, Osten und Westen gebaut. Und es werden natürlich in den nächsten Jahren weitere Hotels neu geplant und eröffnet werden. Sie liegen direkt an den weißen Sandstränden, bieten Wassersport und einige auch noch Tenniscourts und einen Golfplatz. Die Häuser dürfen die Höhe der umliegenden Baumwipfel nicht überragen. Sie werden also keine Betonklötze vorfinden. Zu den absoluten Spitzenhotels zählen beispielsweise das Royal Palm in Grand Baie im Norden der Insel und das Le Touessrok an der Ostküste. Anfang 1998 hat sich ein weiteres Haus der Luxusklasse dazugesellt: das La Residence, ebenfalls im Westen der Insel. Der Kampf der Giganten hat begonnen: Das Royal Palm (→ S. 55) wurde nach Fertigstellung des Konkurrenten komplett umgebaut, um seine Gäste aus der VIP-Welt – viele Schauspieler und Spitzensportler – nicht an das La Residence (→ MERIAN-Tipp S. 61) zu verlieren. Dessen Service dürfte nämlich an Perfektion kaum zu übertreffen sein.

Eleganz und Lässigkeit

Auch die zahlreichen Mittelklassehotels der Insel bieten allesamt einen sehr guten Service. Der Unterschied besteht häufig nur in der Größe der Zimmer. In allen Hotels der Luxus-, Ober- und auch Mittelklasse wird sehr viel Wert darauf gelegt, dass die Gäste in angemessener Kleidung zum Essen erscheinen. Abends kleidet man sich meistens elegant.

Eine ganz andere Welt lernt man kennen, wenn man sich in Port Louis oder in Curepipe in einem der Stadthotels einbucht: mauritianisches Leben pur. Aber egal, welches Hotel Sie buchen, in welcher Bungalowanlage Sie sich einquartieren: Überall werden Sie liebenswerte Menschen treffen und einen exzellenten Service genießen. Die Mauritianer sind fröhlich und hilfsbereit wie kaum jemand, haben Spaß an ihrer Arbeit mit den Urlaubern.

Am preiswertesten ist es, wenn Sie Ihre Mauritius-Reise pauschal buchen. Wenn Sie Flug und Hotel separat nach Ihrer eigenen Lust und Laune organisieren, ist es bis zu 40 Prozent teurer. Sicher ist es schön, dass das Umbuchen eines Fluges einfach geht, beispielsweise eine Verlängerung also relativ unkompliziert machbar ist. Dann fallen nur Umbuchungsgebühren in Höhe von ca. 50 Euro an.

Empfehlenswerte Hotels und andere Unterkünfte finden Sie bei den einzelnen Orten im Kapitel »Unterwegs auf Mauritius«.

Essen und Trinken

Ob indische, kreolische oder europäische Küche – hier wird jeder zum Schlemmen verführt.

Happy Hour in Trou aux Biches: Ein erfrischender Cocktail aus tropischen Früchten und mauritianischem Rum in einer der vielen Strandbars steigert die Urlaubslaune.

Stellen Sie sich vor: Die Sonne ist gerade untergegangen, die ersten Sterne sind zu sehen, Wellen schwappen leise an den Strand. Sie sitzen direkt am Meer in der wundervollen warmen, weichen Luft an einem hübsch gedeckten Tisch, der mit den Köstlichkeiten von Mauritius beladen ist – mit Spezialitäten, die ebenso kosmopolitisch sind wie die Bevölkerung der Insel.

Alle Gerichte haben ihren Ursprung entweder in der chinesischen, der kreolischen, der französischen oder auch der indischen Küche. (Glücklicherweise – aber das ist sicherlich Geschmackssache – finden sich keine Wurzeln in der englischen Küche.) Nach und nach hat sich aus diesen traditionellen landestypischen Gerichten die mauritianische Küche entwickelt, begannen die Köche, die ursprünglichen Rezepte mit einheimischen Gewürzen zu verfeinern.

MERIAN-Tipp

1 Restaurant Mon Desir

Seit vielen Jahren gibt es für die Mauritianer nur ein einziges Restaurant, in dem sie sich treffen, um groß zu feiern. Ob Hochzeiten oder runde Geburtstage – es ist Tradition, ins Mon Desir einzuladen. Das Restaurant gehört zum Hotel Maritim in der Bucht Balaclava bei Grand Baie an der Nordwestküste und hat seinen guten Ruf zu Recht: Der Service ist perfekt, das Essen Spitzenklasse. Das Angebot der Speisen ist erfreulich überschaubar und wechselt. Unmöglich, nur ein Gericht besonders zu empfehlen.

12 km südlich von Grand Baie;
Tel. 2 61 56 00; nur abends geöffnet
●●● CREDIT S. 116, C 3

Frühstück für Genießer

Ein Tag auf Mauritius beginnt schon am Morgen mit wahren Köstlichkeiten: zum Beispiel mit wunderbaren tropischen Früchten wie Ananas, Mango und Papaya, die sozusagen vor der Hoteltür wachsen. Dazu oder auch hinterher guten Kaffee oder Tee, der ebenfalls direkt von der Insel stammt. In den meisten Hotels bekommen Sie außerdem selbst gebackene Brötchen – oder, noch besser: frische, warme Croissants. Natürlich haben sich die Hotels auf die Essgewohnheiten ihrer Gäste eingestellt, so dass weder die Engländer auf ihren Porridge noch die deutschen Besucher auf Marmelade oder Wurst und Käse verzichten müssen. Doch angesichts der vielen einheimischen Köstlichkeiten sind derartige Angebote ziemlich uninteressant. Die hat man schließlich zu Hause jeden Tag.

Snacks im Vorübergehen

Wenn dann mittags die Sonne heiß vom Himmel brennt, schmecken Kleinigkeiten am besten. Die holt man sich gerne von den fliegenden Händlern und Köchen, die am Straßenrand auf Kundschaft warten. Zugegeben: Die deutsche Gesundheitsbehörde würde sicherlich keinem dieser Köche eine Auszeichnung für seine Speisen verleihen. Doch seien Sie unbesorgt: Ich genieße sehr, sehr häufig dieses fantastische »fast food« und habe mir noch nie irgendwelche Probleme damit eingehandelt. Und ich kenne auch niemanden, dem es danach schlecht ergangen wäre. Probieren Sie also ruhig einmal – etwa die »dholl purées«: Crêpes, die mit den verschiedensten indischen Füllungen angeboten werden. Die dünnen Pfannkuchen werden zu einer Tüte aufgerollt, dann kommt zum Beispiel scharfes Fisch-Curry hinein. Hervorragend sind auch die knusprigen Baguettes, gefüllt mit

Huhn. Außerdem gibt es noch die mit Gemüse, Fisch oder Fleisch gefüllten und in Öl ausgebratenen Blätterteigtaschen in den verschiedensten Formen. Mal sind es kleine Dreiecke, mal Kugeln. Wenn Sie mögen, sollten Sie sie in scharfe Chilisauce dippen. Aber Vorsicht: Wenn Inder von Chili sprechen, meinen sie auch Chili. Es handelt sich hier keineswegs um die Art von Ketchup, die Sie in Deutschland als Chilisauce kaufen können. Die richtige ist höllisch scharf!

Mauritianisches Nationalgericht: Curry

Fast ein mauritianisches Nationalgericht ist **Curry.** Und was gibt es am Abend – vorausgesetzt, Sie möchten zur Abwechslung Ihr Hotel verlassen, um das abendliche Inselleben zu erspüren? Die Wahl fällt ziemlich schwer. Mauritianer würden sicherlich ein Curry wählen. Besser gesagt, »Cari«, wie sie ihr Lieblingsgericht nennen. Die Einheimischen lieben es, am Abend in der Familie zusammenzusitzen, um gemeinsam Curry zu essen. »Cari« heißt eigentlich einfach nur »Sauce«. Es ist aber weitaus mehr, nämlich ein wunderbarer Eintopf. Ob mit Kartoffeln, Huhn, Rind, Fisch oder, die teure Variante, mit Hummer – wichtig sind vor allem die Gewürze wie beispielsweise Ingwer, Kardamom, Koriander und Pfeffer. Zu den Currys gibt es traditionell – ebenfalls eines der wichtigen Nahrungsmittel auf der Insel – **Reis.** Dem Wasser, in dem der Reis gekocht wird, fügen die Mauritianer einige Safranfäden hinzu, die die Körner gelblich färben und ihnen den typischen Geschmack verleihen.

Aus sonnengereiften Tomaten wird die landestypische Sauce »rougaille« zubereitet. Probieren Sie mal!

Liebesäpfel, Millionärssalat oder Fisch? Ebenso wichtig wie Curry und Reis ist für die Mauritianer die »pomme d'amour«, der »Liebesapfel« – auf gut Deutsch: die Tomate. Die aromatischen roten Früchte werden vor allem für die »rougaille« benötigt, eine Tomatensauce, die sowohl zu Huhn als auch Fisch passt.

Doch wie schon gesagt, Sie werden es bei der Wahl des Restaurants schwer haben: chinesisch? Oder lieber europäisch? Inzwischen gibt es sogar hervorragende japanische Restaurants auf Mauritius. Und natürlich italienische. Ein Schnitzel hingegen oder eine Bratwurst mit Sauerkraut werden Sie vergeblich suchen. Deutsche Restaurants und deutsche Gerichte gibt es auf Mauritius nicht.

Es ist aber auch nicht eben leicht, echte kreolische Gerichte auf einer Speisekarte zu entdecken, denn bei den Einheimischen ist es einfach nicht üblich, abends in ein Restaurant zu gehen – weil man doch gemütlich zu Hause bleiben kann, um dort zu kochen und gemeinsam zu essen.

Wer sich etwas ganz Besonderes gönnen will, eine weitere Inselspezialität, probiert den »Salat der

Millionäre«, den »salad des millionaires«. Sie müssen zwar nicht unbedingt zu diesen privilegierten Zeitgenossen zählen, um sich den **Palmenherzensalat** zu bestellen – aber hilfreich ist es schon: Er ist enorm teuer, und das zu Recht: Um ihn herstellen zu können, müssen Palmen gefällt werden, die mindestens sieben Jahre alt sind!

Und wer gern **Fisch** isst, wird auf Mauritius ins Schwärmen geraten. Er ist sehr viel preiswerter als Fleisch, das teilweise eingeführt werden muss. Die besten Speisefische sind Bonito, Dorade, Makrele und Tunfisch. Wer die Möglichkeit hat, selbst zu kochen, sollte sich auf dem Markt ein Exemplar nach seinem Geschmack aussuchen. Die Fische werden morgens frisch gefangen und vom Händler auf Wunsch ausgenommen und fix und fertig für die Pfanne präpariert.

Etwas Besonderes ist auch das Obst auf Mauritius. Natürlich sind unsere Gaumen an Geschmack von Ananas, Mango & Co. gewöhnt. Aber dennoch ist das Obst auf Mauritius

Süße tropische Früchte

geschmackvoller und süßer: eine echte Gaumenfreude. Viel Spaß macht es, wenn man sich das frische Obst auf einem der Märkte der Insel kauft. Extrem lecker sind übrigens die Passionsfrüchte.

Bier oder Wein, Wasser oder Rum? An Getränken werden auf Mauritius alle bekannten Limonaden und Mineralwasser serviert. Sehr zu empfehlen sind aber auch die einheimischen Biersorten. Bereits seit 1963 wird auf Mauritius gebraut. Phoenix heißt das Bier, das am häufigsten getrunken wird, entweder aus der Flasche oder frisch gezapft vom Fass.

Fette Beute: Dieser Fischer kann mit seinem Fang – Hai und Barracuda – mehr als zufrieden sein.

Außerdem gibt es die ausländischen Biersorten Stella Artois und Guinness. Wer sich eher zu den Weintrinkern zählt, findet eine reiche Auswahl an sehr guten südafrikanischen Weinen.

Unbedingt probierenswert ist der mauritianische **Rum**. Der edelste unter den bekannten Marken ist der Old Mill Rum, der zehn Jahre in Eichenfässern lagert, bevor er verkauft wird.

Mauritianischer Rum: ein köstliches Getränk

Weitere begehrte Sorten sind der Rum of Mauritius und der Green Island Rum.

Empfehlenswerte Restaurants und andere Lokale finden Sie bei den einzelnen Orten im Kapitel »Unterwegs auf Mauritius«.

Einkaufen

Edle Boutiquen, feinste Schmuckgeschäfte, bunte Märkte – Mauritius gleicht einem Einkaufsparadies.

Farbenfrohe Sarongs mit landestypischen Motiven, wie sie an den meisten Stränden von fliegenden Händlern angeboten werden, sind preiswerte und begehrte Mitbringsel von der Ferieninsel.

Mode, Schmuck oder Modellschiffe: Sie haben die Wahl. Und zum preiswerten Shopping-Spaß kommt auf Mauritius auch noch der überaus freundliche und zuvorkommende Service.

Es ist vollkommen egal, ob Sie für Ihr Mittagessen auf einem Markt oder beim fliegenden Händler einkaufen, ob Sie sich auf der Suche nach schicken Klamotten in kleinen Boutiquen umschauen oder in den großen, edlen Geschäften des neuen Einkaufszentrums in der Hauptstadt Port Louis, dem Le Caudan Waterfront, inspirieren lassen: Einkaufen macht auf Mauritius richtig Spaß.

Unbedingt lohnenswert ist es, sich auf der Insel nach Blusen, Hemden, Polohemden und Strickpullis umzuschauen. Die Textilindustrie ist neben dem Tourismus und dem Zuckerrohranbau eine der wichtigsten Wirtschaftszweige der Insel. Viele dieser Kleidungsstücke sind teilweise bis zu 50 Prozent preiswerter als in Deutschland. Vergleichen lohnt aber in jedem Fall: Nicht in jedem Factory

Preiswerte Designerware

Shop in Phoenix, Curepipe, Port Louis oder Quatre Bornes sind die Sachen unbedingt preiswerter als auf den Märkten. Die meisten Bustouristen machen nämlich einen Stopp bei einem der Fabrikgeschäfte; das nutzen viele Unternehmer aus und setzen die Preise hoch. Manche unken gar, dass auch die Qualität der angebotenen Waren niedriger sei als in den Boutiquen. Bisher musste ich diese Erfahrung nicht machen, aber dennoch ist es sicherlich sinnvoll, beispielsweise die Nähte und die Knöpfe an Jacken oder Polo-Shirts zu überprüfen, bevor man zuschlägt. Besonders schön ist es aber, in den Boutiquen einzukaufen. Die Preise sind selten höher als in den Factory Stores, dafür ist der Service besser, die Atmosphäre ruhiger. Vor allem in Grand Baie oder direkt in Port Louis lohnt sich eine Shopping-Tour nach einem Strandtag. Für edle Kaschmirpullover zahlen Sie rund 85 Euro, Strickjacken kosten etwa 95 Euro, und Polohemden vom Designer Ralph Lauren sind etwa um die Hälfte preiswerter als in Deutschland zu haben. Preisgünstig sind Kleidungsstücke auch auf dem Markt von Port Louis zu haben. Ein modisches T-Shirt erhält man dort beispielsweise schon ab rund 6 Euro.

Inzwischen hat auch der zweite Teil des brandneuen Einkaufszentrums Le Caudan Waterfront direkt am Hafen von Port Louis eröffnet. Innerhalb der letzten Jahre haben die Mauritianer dort ihren ganzen Stolz erbaut. Die moderne und architektonisch fast europäische Anlage ist unbedingt sehenswert. Die dort angesiedelten Geschäfte und Boutiquen lassen kaum Wünsche offen: Goldschmuck, Brillanten, Kleidung für Kinder und Erwachsene – es gibt einfach alles. Hier haben Besucher und Mauritianer ein gemeinsames Interesse: Schaufensterbummeln und Shopping.

MERIAN-Tipp

2 Shopping am Strand

Alle Strände rund um die Hotels sind fest in der Hand fliegender Händler. Der absolute Renner bei den Urlauberinnen sind Sarongs in teilweise sehr schönen Farben und mit typisch mauritianischen Motiven. Klar, dass Sie handeln dürfen! Die Händler erwarten es sogar. Sarongs kosten beispielsweise selten über 5 Euro. Lassen Sie sich auch die Tischdecken zeigen: Ein paar herrliche Exemplare sind meistens in den großen Taschen der Händler vergraben. Achtung: Kaufen Sie keine bereits geschälten Ananas oder aufgeschnittenen Melonen. Kein Problem jedoch, wenn das Obst vor Ihren Augen geschält wird.

Auf dem Markt in Port Louis bleibt neben den Einkäufen immer noch Zeit für einen Plausch.

Achtung: Viele der Geschäfte haben den für Käufer schon beinah magischen Aufkleber »Duty free« an der Tür oder am Schaufenster kleben. Lassen Sie sich aber nicht dazu hinreißen, den Preisen blind zu vertrauen. Die Aufkleber sind eine gute Werbung, haben im Grunde aber nichts zu bedeuten. Die Ware, die dort angeboten wird, ist nicht zwangsläufig wirklich preiswerter – das gilt für alle Märkte auf Mauritius.

Diamanten, Schmuck und Uhren

Diamanten, Perlen, Schmuck und Uhren – Dinge, die man vielleicht nicht braucht, die aber die Seele streicheln, erhält man auf Mauritius zollfrei. Und das macht sich deutlich im Portemonnaie bemerkbar.

Natürlich ist Edles auch dort teuer, aber im Verhältnis zu Europa noch immer sehr viel preiswerter. Die Diamanten werden beispielsweise als rohe Steine zollfrei importiert. Auf der Insel werden sie dann weiter verarbeitet und hauptsächlich an Besucher verkauft. Erhältlich sind auch Armbanduhren aller renommierten Hersteller wie Cartier oder Piaget. Kauft man eines dieser hochkarätigen Produkte, kann man sie beruhigt in dem jeweiligen Geschäft lassen. Topservice: Zwei Tage vor der Abreise kann man im Geschäft seinen Abflugstermin mitteilen. Die Waren werden pünktlich zum Flughafen gebracht und jenseits aller Passkontrollen dem Kunden überreicht.

Duftende Souvenirs

Wer sich ein paar ganz besondere und lang anhaltende Erinnerungen von Mauritius mitnehmen möchte, sollte sich ein Fläschchen oder ein Tongefäß mit einem Extrakt der Blüte des Ylang-Ylang-Baumes mit nach Hause nehmen. Dieser verbreitet dann im heimischen Wohnzimmer noch lange den wunderbaren Duft der Blüten und erinnert einen an die Tropeninsel.

Schön sind auch die zahlreichen Bücher und Bildbände über Mauritius. Die Fotos wecken Erinnerungen und auch Sehnsüchte und ersparen einem zudem häufig das eigene Fotografieren.

Wahre Freaks gönnen sich als Souvenir eines der handgemachten Holzmodelle. Besonders beliebt bei den Besuchern der Insel sind die Modellschiffe und die Kolonialhäuser. Sie werden liebevoll aus Holz hergestellt und zählen daher nicht zu den billigsten Mitbringseln. Für eines der kleineren Schiffe, eine Piroge beispielsweise, zahlt man um die 50 Euro. Für die großen Segler muss man dann schon mal mit 2500 bis 4500 Euro rechnen.

Preiswert einkaufen kann man auf den vielen Märkten. Ob frisches Gemüse, Fisch, handgearbeitete Einkaufskörbe, Kleidung oder Seidenstoffe aus China, Indien oder Pakistan – hier ist das Angebot geradezu überwältigend. Kleidung kaufen Sie am besten samstags auf dem Markt in Quatre Bornes. Es ist *der* Einkaufsort der Mauritianer, wenn sie sich mal wieder ein neues Hemd, eine neue Jacke oder einfach nur ein paar Socken kaufen oder sich auch nur mit Freunden treffen wollen.

Köstliches aus Zucker

Mauritius ist eine Zucker-Insel. Und? Was gehört zu Zucker? Reichlich Alkoholika natürlich. Zu den auf Mauritius populärsten Getränken zählt selbstverständlich der Zuckerrohr-Likör und der Rum. Der populärste Zuckerrohr-Likör ist die Marke Goodwill. Über eine Million Kisten werden auf Mauritius jährlich verkauft. Auf dem zweiten Platz der Beliebtheitsskala steht der Power's No 1. Vom gleichen Hersteller stammt auch der berühmte Green Island Rum. Letzteren erhalten Sie in allen großen Geschäften sowie in den Duty Free Shops und am Flughafen.

Andere Alkoholika erhalten Sie fast überall, inklusive einiger Biersorten. Das mauritianische Bier Phoenix – benannt nach dem Gebiet, in dem es gebraut wird – hat bereits einige internationale Preise gewonnen.

Als Wein-Liebhaber haben Sie auf Mauritius die Gelegenheit, sich durch das südafrikanische Weinsortiment zu probieren. Und das lohnt sich in jedem Fall! Zu kaufen gibt es Wein in allen größeren Geschäften.

Auch wer in Sachen Malerei etwas Landestypisches von der Insel mit nach Hause bringen möchte, hat hier eine Riesenauswahl. **Kunst** und **Kunsthandwerk** besitzen noch heute auf der Insel einen relativ hohen Stellenwert. Dabei hatte Mauritius nie eine Kunstakademie. Nur wenige der Künstler, die die Insel hervorgebracht hat, konnten in anderen Ländern studieren. Die meisten sind auch heute noch Autodidakten. Mauritianer interpretieren nicht, wenn sie malen. Sie malen, was sie sehen – nicht mehr und nicht weniger. Heute benutzen die Künstler mehr und mehr Acryl- statt der früher üblichen Wasserfarben. Die berühmtesten Maler von Mauritius, Chazal und Masson, sind mittlerweile verstorben. Chazals naive Malereien von beispielsweise Blumen, Fischen und Vögeln finden sich aber immer noch überall auf der Insel: Sie schmücken Aschenbecher, Tassen, T-Shirts ...

Der bekannteste zeitgenössische Künstler ist Henry Koombe. Er betreibt als einziger eine eigene Galerie: an der Hauptstraße von Grand Baie, der Route Royale. Seine Werke sind etwas differenzierter, sprechen eher eine jüngere Generation an.

Andere Künstler stellen ihre Arbeiten zumeist in einer der Galerien von Hélène de Senneville aus. Sie unterstützt die mauritianischen Künstler, ermutigt sie. 1987 eröffnete die Protagonistin ihre erste Galerie, heute sind es bereits drei – in Grand Baie, Port Louis und Curepipe.

Empfehlenswerte Geschäfte und Märkte finden Sie jeweils bei den einzelnen Orten im Kapitel »Unterwegs auf Mauritius«.

Auch Heilkräuter gegen alle möglichen Beschwerden werden auf den diversen Marktständen feilgeboten.

Feste und Events

Auf der Insel gibt es etwa 120 verschiedene religiöse Richtungen – und damit immer etwas zu feiern.

Anlässlich des Festes Maha Shivaratree, das alljährlich Ende Februar/Anfang März zelebriert wird, bringen gläubige Hindus Opfergaben zu Ehren der Gottheit Shiva dar.

Bunte Vielfalt: So verschieden wie die Menschen auf Mauritius sind auch ihre Feste. Jede Religion hat ihre eigenen Feiertage, doch manches Fest feiert man auch gemeinsam.

Eigentlich findet das ganze Jahr über immer irgendwo ein Fest statt. Der Großteil dieser Feierlichkeiten ist religiösen Ursprungs, entweder veranstaltet von den Hindus, den Christen, den Buddhisten oder den Moslems. Oder von einer der vielen kleinen Religionsgemeinschaften. Und so ist es kein Wunder, dass es auf Mauritius insgesamt pro Jahr 21 offizielle Feiertage gibt, an denen auch die Arbeit ruht. Schon der Anfang eines jeden Jahres beginnt ausgesprochen feierlich und fröhlich: Im Gegensatz zu Europa wird auf Mauritius das neue Jahr mit zwei Feiertagen – dem 1. und 2. Januar – eingeläutet.

Rund 65 Prozent der Einwohner von Mauritius sind Hindus. Um 1800 waren es nur rund 6000. Die Engländer holten im 19. Jh. mehr Inder für den Straßenbau nach Mauritius. Noch später kamen Arbeiter für die Zuckerrohrernte. Auch die aus verschiedenen Teilen Indiens: Hindus aus dem Norden, Tamilen aus dem Süden. Sie sprachen verschiedene Sprachen oder Dialekte. Und sie haben auch heute noch verschiedene religiöse Feste.

Die mauritianischen Tamilen sind bekannt für eine ganz besondere Form des hinduistischen Glaubens: Sie laufen über glühende Kohlen und durchstechen ihre Haut am gesamten Körper mit Silbernadeln. Bei **Cavadee** – dem wichtigsten und auch buntesten Fest der Tamilen – kann man das Spektakel beobachten. Wer dabei nicht blutet, dem sind die Götter wohlgesonnen.

Einmal im Jahr, im Februar, treffen sich rund 300 000 Hindus im Süden der Insel am Grand Bassin, um ihr **Maha Shivaratree-Fest** zu feiern. Die Gläubigen kommen an den kleinen See, dessen Wasser für sie ebenso heilig ist wie das des Ganges, und bleiben für eine Nacht, um dann am nächsten Morgen mit einem kleinen Schälchen heiligen Wassers wieder nach Hause zurückzukehren und in ihren Tempeln weiterzufeiern.

Auch der jährlich variierende islamische Kalender lässt es kaum zu, verbindliche Daten anzugeben. Das gilt auch für die christlichen Feiertage.

MERIAN-Tipp

3 Père-Laval-Tag

Vielleicht nicht der optisch spektakulärste Feiertag auf Mauritius, aber sicherlich der beeindruckendste, denn er spiegelt die Toleranz und das Miteinander der Einheimischen wider: Der Père-Laval-Tag ist ein Festtag, den alle Menschen auf Mauritius begehen. Am 9. September, dem Todestag des Menschenheilers, versammeln sich die Gläubigen mit Fackeln in Sainte-Croix, einem Vorort von Port Louis. Am Grab des französischen Missionars erbitten sie Hilfe und Heilung. Père Laval lebte von 1803 bis 1864 und wurde 1979 von Papst Johannes Paul II. heilig gesprochen.

→ Umschlagkarte hinten, nördl. f 1

Januar

Silvester/Neujahr

Die ersten beiden Januartage sind staatliche Feiertage. In der Nacht vom 31. Dezember auf den 1. Januar werden auf der ganzen Insel Feuerwerke entzündet.

Cavadee

Zehn Tage wird das große Fest der Tamilen aus Südindien vorbereitet. Sie leben in dieser Zeit enthaltsam und lesen in ihrer Heiligen Schrift. Auf dem Höhepunkt des Festes tragen die Gläubigen – um Buße zu tun – den »cavadee«, einen schweren Holzbogen, zum Tempel.

Mitte Januar

Chinesisches Neujahrs- oder Frühlingsfest

Das traditionelle Chinesische Neujahrsfest – heute auch Frühlingsfest genannt – richtet sich nach dem chinesischen Mondkalender. Es beginnt immer bei Tagesanbruch. Nachdem China 1921 seine Zeitrechnung an den Gregorianischen Kalender angepasst hatte, wurde das traditionelle Neujahrsfest kurzerhand in »Frühlingsfest« umgetauft.

Für das chinesische Verständnis hat der Neujahrstag eine starke symbolische Bedeutung. Das Schicksal des gesamten folgenden Jahres hängt von dem Fest ab und ist damit richtungsweisend. Man sollte also auf jeden Fall diesen feierlichen Tag fröhlich beginnen. Man sollte positiv denken und nicht vergessen, Freunden, Bekannten und auch Fremden eine Freude zu bereiten.

Wichtig ist ebenfalls, dass man den ganzen Tag keine Scheren und Messer benutzen sollte. Die Glücksfarbe Rot beherrscht den ganzen Tag. Mit viel Lärm explodieren Knallkörper, junge Männer tanzen mit Drachenkostümen durch die Straßen, denn schließlich sollen die bösen Geister vertrieben werden. Am Neujahrsfest werden vor allem Freunde und Verwandte besucht. Jugendliche schätzen diesen Tag aber vor allem deshalb, weil sie dann ausgelassene Partys feiern können.

Die älteren und traditionsbewussten Chinesen spielen nach einem Familienessen eine Partie Mah-Jongg. Manche nutzen diesen Tag der Freude aber auch für ein Glücksspiel in einem der Spielcasinos der Insel.

Januar/Februar

Maha Shivaratree

Gläubige Hindus machen sich auf den Weg zum Grand Bassin, dem See mit dem heiligen Wasser im Süden der Insel. Sie bringen Opfergaben zu Ehren des Gottes Shiva, kleine Lichter werden auf Bananenblättern ins Wasser gesetzt. Die Gebete werden über Lautsprecher übertragen.

Ende Februar/Anfang März

März

Holi

Das indische Farbenfest hat einen ganz eigenen Ursprung: Eine Legende erzählt von Brahlada, der sich nach dem Tod seiner Tante Holika – seine Zuneigung zu ihr hielt sich offensichtlich in Grenzen – derartig freute, dass er ein großes Fest veranstaltete.

Heute beglückwünscht man sich in dieser Zeit und füllt gefärbtes Wasser in Plastiktüten ab, besorgt sich bunten Puder, um all diese Farbenpracht auf seine Freunde und Bekannten zu verteilen.

Anfang März

Nationalfeiertag

1968 löste sich Mauritius von Großbritannien, ein unabhängiger Staat entstand. Das wird auf der ganzen Insel gefeiert.

12. März

April

Ostern

Christen pilgern in der Karwoche zu ihren jeweiligen Dorfkirchen.

Mai

Bekannt sind die großen chinesischen Drachen schon lange – spätesten aus Kino- oder Fernsehfilmen. Ursprünglich stammen diese langen, von unzähligen Tänzern bewegten Drachenfiguren aus Hongkong. Dort ziehen sie regelmäßig durch die Straßenschluchten – zu Ehren der Göttin des Himmels. Aber auch auf Mauritius ist dieses Schauspiel, vielleicht mit etwas kleineren Drachen, zu sehen.

Mitte Mai

Juni

Fronleichnam

Die christliche Bevölkerung versammeln sich in Port Louis zu einer großen Prozession.

Farbenprächtige Tempelfigur im hinduistisch-religiösen Zentrum Maheshwarnath Shriv Mandir im Ort Triolet.

AUGUST

Maria Himmelfahrt

Das Hochfest Maria Himmelfahrt ist wie in Europa auch auf Mauritius ein Feiertag. Er wird von der christlichen Bevölkerung der Insel in den Kirchen gefeiert.

15. August

OKTOBER

Divali

Die Hindus feiern, dass das Gute über das Böse siegt. Und das geschieht ausgesprochen fröhlich während des Lichterfestes. Divali zählt zu den fröhlichsten aller Hindu-Feste. Hinduistische Familien zünden vor ihren Häusern kleine Öllampen an und erinnern alle daran, dass Rama aus dem Exil zurückgekehrt ist, nachdem er seinen Gegner Ravana besiegt hatte.

Oktober, zur Zeit des Neumonds

Ganga Asnan

Zu Ehren des Gottes Rama verwandeln Hindus die Insel in ein Meer von Lichtern. Bunte Lampen werden vor die Häuser gestellt, Kinder entzünden Feuerwerke. Gläubige baden im heiligen Wasser des Grand Bassin oder im Meer, immer verbunden mit Gebeten. Dem Gott werden Opfergaben wie Mehlspeisen und Kokosnüsse, Sandelholz und Kampfer dargebracht.

Oktober/November

NOVEMBER

Allerheiligen

Um Allerheiligen werden die Gräber auf allen Friedhöfen mit vielen Blumen farbenfroh geschmückt. Ungewöhnlich ist, dass darüber hinaus manchmal eine Flasche Rum, eine Packung Zigaretten oder auch die Lieblingsspeise des Verstorbenen hinterlegt wird.

1. November

DEZEMBER

Teemeedee

Meist um die Weihnachtszeit herum veranstalten die Hindus ihre speziellen Zeremonien zu Ehren einiger ihrer Gottheiten. Zum Beispiel Draupadee, Mariamen und Kali. Der Höhepunkt dieser Feierlichkeiten ist der Lauf über glühende Kohlen. Wochenlang bereiten sich die Gläubigen auf diesen Moment vor. Durch Fasten, Gebete und Meditationen. Den Segen eines Priesters erhalten sie unmittelbar, bevor sie durch die glühende Masse laufen. Unter den anfeuernden Zurufen der Zuschauer rennen sie los.

Weihnachten

Das Fest der Geburt des Herrn – »Christfest« – wird auf Mauritius im Familienkreis und in den Hotels erst am 25. Dezember gefeiert. Aber schon am Vortag werden häufig die Weihnachtsbäume mit bunten Luftballons und mit farbigen Lichterketten geschmückt.

25. Dezember

Sport und Strände

Sportbegeisterte und Sonnenanbeter finden auf Mauritius paradiesische Verhältnisse vor.

Erlebnis Tauchen: Korallen, exotische Fische oder gar versunkene Schiffe – was werden wir wohl heute entdecken?

Ob Anfänger, Fortgeschrittener oder Könner: Auf Mauritius kann wirklich jeder Wassersport betreiben. In den meisten Hotels werden Kurse angeboten, so dass Vorkenntnisse nicht erforderlich sind, ganz egal, ob es ums Segeln, Surfen, Tauchen oder Wasserskifahren geht. Wenn Ihnen das alles nicht zusagt, setzen Sie sich einfach eine Taucherbrille auf und schnorcheln im wärmsten Ozean der Welt. Schon nach wenigen Metern werden Ihnen die farbenprächtigsten Fische um die Brille schwimmen. Durch den Korallenriffgürtel, der Mauritius umgibt, ist das Meer ruhig.

Für Surfer und Segler ist dieser schützende Gürtel möglicherweise bei Ebbe lästig, denn man muss aufpassen, dass man nicht mit den Korallen kollidiert. Haben Sie das Riff hinter sich gelassen, beginnt das Seglerparadies. Für Anfänger des Wasserskisports ist das ruhige Meer hingegen angenehm.

Taucher finden rund um die Insel ganz verschiedene Gegebenheiten: Im ruhigen Norden bilden Stein- oder Peitschenkorallen die Unterwasserkulisse, und mit etwas Glück entdeckt man auch mal eine Riesenmuräne. Der Osten ist aufgrund des permanenten Windes eher unruhig. Hier gibt's Langusten und vielleicht einen Riffhai zu sehen. Saison für den legendären Marlin ist von Oktober bis März. Die Unterwasserwelt des Südens hingegen ist für Taucher aufgrund der Strömungen zu gefährlich. Im Westen der Insel haben einige Hotels Hochseefischerboote.

Faszinierende Unterwasserwelt

Sportliche Aktivitäten ohne Wind und Wasser sind auf Mauritius natürlich ebenfalls möglich. Fast jede Hotelanlage verfügt heute über Tennis- oder auch Golfplätze. Einige wenige Unterkünfte vermieten darüber hinaus Mountainbikes und sogar Pferde. Die Association Sportive de Parapente organisiert in der Domaine des Grands Bois Drachenflüge (Tel./Fax 6 31 92 61).

Die Farbe der **Strände** auf Mauritius reicht von Sonnengelb bis Schneeweiß, ihre Konsistenz von körnig bis pudrig. Einige Hotels ließen sich ihre Hausstrände aufschütten, da nicht genug Sand vorhanden war. Ihre Qualität ist deshalb nicht besser oder schlechter; sie sind nur meist etwas schmaler.

Wer lange Strandspaziergänge liebt, sollte sich ein Hotel im Osten suchen. Im Westen findet man häufig eher kleinere Buchten, an denen die Hotels liegen.

Fahrrad fahren

Vor allem der Norden der Insel eignet sich gut fürs Fahrradfahren. Er ist nicht sehr hügelig, und es gibt viele kleine Straßen. Sie sollten aber auf jeden Fall die große Schnellstraße, die den Norden mit dem Süden verbindet, meiden. Es ist zwar theoretisch erlaubt, diese Route auch als Fahrradfahrer zu nutzen, jedoch ungemein gefährlich.

Touren durch die Zuckerrohrfelder sind möglich, aber nicht unbedingt empfehlenswert. Trainierte Fahrer werden viel Freude im Süden von Mauritius haben: Die Landschaft ist traumhaft schön und teilweise sehr gebirgig.

Informationen

Tel. 4 21 81 87, Fax 2 40 33 35

Golf

Viele Hotels haben eigene Golfplätze mit 9 oder 18 Löchern. Zu den beliebtesten gehören die Plätze vom Belle Mare Plage, Saint-Géran, Troux aux Biches und der vom Gymkhana Golf Club in Vacoas. Tipp: Nehmen Sie sich auf jeden Fall Golfbälle von zu Hause mit. Auch wenn das Equipment geliehen werden kann, müssen Sie die Bälle häufig kaufen!

Taucher dürfen sich im Indischen Ozean auf eine bunte Vielfalt an Fischen und Korallen freuen.

Hochseefischen

Je nach Saison können Sie verschiedene Fische fangen – Marlin, Tunfisch, Bonitos, Barracuda. Touren können Sie in den großen Hotels oder Agenturen buchen.

Centre Sport Nautique
Sunset Boulevard, Grand Baie;
Tel. 2 63 80 17, Fax 2 63 74 79

La Pirogue Big Game Fishing
Tel. 4 53 84 41

Centre de Pêche, Rivière Noire
Tel. 6 83 65 22

Organisation de Pêche du Nord
Tel. 2 65 52 09

Beachcomber Fishing Club
Tel. 4 50 51 40

Parasailing

Inzwischen wird dieser Sport fast überall angeboten. Seien Sie jedoch grundsätzlich vorsichtig, wenn Sie neue Horizonte testen: Sprechen Sie mit der Leitung des Hotels, ob die Anbieter bekannt sind. Nicht alle sind seriös, nicht alle pflegen ihr Equipment. Es sind zwar noch keine Unfälle passiert, aber man muss sie ja auch nicht gerade provozieren. Gefahrloser ist es jedenfalls, Sie buchen über eine Agentur.

Centre Sport Nautique
Sunset Boulevard, Grand Baie;
Tel. 2 63 80 17, Fax 2 63 74 79

Reiten

Neben einigen Strandhotels bieten vor allem öffentliche Reitställe ihre Pferde für Ausritte an.

Floréal
Tel. 6 96 43 87

Le Morne
Tel. 6 83 67 75

Palmar
Tel. 4 15 16 25

Domaine Les Pailles
Tel. 2 08 19 98

Segeln

Ob Sie auf große Tour gehen – mit alten Holzseglern, schnittigen Yachten oder Katamaranen – oder nur mal einen Nachmittag lang aufs Meer wollen: Sie können Schiffe mit oder ohne Mannschaft mieten.

Im Norden

Croisières Australes
Tel. 6 74 36 95

Anahita
Tel. 4 19 27 67 oder 4 21 04 97

Im Osten

Ocèane
Tel. 4 19 27 67 oder 4 21 04 97

Cruising Experience
Tel. 4 21 21 16 oder 4 99 79 83

Im Westen

Auquarelle
Tel. 4 19 27 67 oder 4 21 04 97

Strände

Wundervoller weißer Sand, wenig Wellen, kaum spürbare Tidenunterschiede: Ein Badeurlaub auf Mauritius ist perfekt. Wer nicht in der prallen Sonne braten möchte, sucht an öffentlichen Stränden Schutz unter Bäumen, den Kasuarinen, oder unter einer Kokospalme am Hotelstrand. Das Wasser ist überall herrlich türkis, warm und weich.

Wer echtes Inselflair sucht, vielleicht Einheimische kennen lernen möchte, sollte am Wochenende an einen der öffentlichen Strände fahren: Dort treffen sich Mauritianer gerne zum Picknick und zum Feiern. Wer lieber Ruhe möchte, bleibt entweder am hoteleigenen Strand, fährt in den menschenleeren Süden oder sucht sich eine stille Bucht während einer Tour mit dem Mietwagen.

Es heißt, dass alle Strände öffentlich sind. Das ist zwar richtig, aber dennoch hat man das Gefühl, dass sich viele Hotels gegen Nicht-Gäste des jeweiligen Hauses abschotten. Anders ist es allerdings, wenn man fragt, ob es genehm sei. Dann wird man mit der bekannten Höflichkeit empfangen.

Viele Gäste tragen Badeschuhe, denn es wird nicht nur vor Seeigeln gewarnt, sondern das Wasser ist hin und wieder von schwarzen Lavabrocken durchzogen. Vorsehen müssen Sie sich in jedem Fall vor den Korallen. Vor allem beim Schnorcheln, wenn man abgelenkt ist durch die bunten Fische, kann es passieren, dass Sie gegen eine Koralle schwimmen. Und diese Verletzungen sind nicht nur ausgesprochen schmerzhaft, sondern heilen auch sehr schlecht.

Es lohnt sich überall, eine Taucherbrille und einen Schnorchel dabeizuhaben. Egal, ob Sie sich an einem der Hotelstrände oder an den öffentlichen Stränden aufhalten: Zu sehen gibt es immer etwas. Sie sollten zum Schnorcheln jedoch ein altes T-Shirt tragen. Nicht weil das Wasser zu kalt ist, sondern weil ohne bedeckten Rücken das zauberhafte Unterwasser-Erlebnis durch einen schmerzhaften Sonnenbrand abgelöst wird.

Belle Mare Plage → S. 117, F 4

Der Sand ist schneeweiß und warm, das türkisfarbene Wasser schwappt leise an den Strand. Nur etwas weiter draußen bauen sich Wellen auf, die am Korallengürtel brechen und das Wasser weiß aufschäumen lassen. Schön zum Baden, herrlich zum Faulenzen, interessant für Spaziergänge. 1

Von Grand Baie aus lassen sich stimmungsvolle Ausflüge auf einem alten Segelschoner unternehmen.

Wassersportaktivitäten wie Segeln, Surfen oder Wasserskifahren gibt es im Club Mediterranée in Pointe aux Cannoniers in Hülle und Fülle.

Blue Bay → S. 120, C 11
Eine hübsche kleine Bucht mit schneeweißem Sand und herrlich warmem Wasser im Süden der Insel.

Cap Malheureux → S. 117, D 2
An der Nordspitze der Insel. Mehrere selten überfüllte Sandstrände mit Blick auf die Inseln Plate und Ronde.

Flic en Flac → S. 118, C 5
Mehr ein Strand für Wassersportler: In Ruhe ein Buch zu lesen ist kaum möglich. Hier starten viele Hochseefischerboote.

Grand Baie → S. 116, C 2
Der Ort bietet neben ausgiebigem Strandleben viele Geschäfte, Boutiquen, Restaurants und Nachtclubs.

Grande Pointe aux Piments → S. 116, B 3
Breiter Sandstrand an der Nordwestküste, an dem man herrlich spazieren gehen kann.

Ile aux Cerfs → S. 121, E 9
Meist stark frequentierter Strand, der aber für Kinder sehr schön ist, da dieser Strandabschnitt sehr flach ist.

Lagune Le Morne → S. 118, B 7
Geschlossene Lagune mit ruhigem türkisfarbenen Wasser, auf der Halbinsel Ilot du Morne.

Mont Choisy → S. 116, C 2
Öffentlicher Strand an der Nordwestküste. Vor allem am Wochenende ziemlich voll. In kleinen Buden und Bratereien werden Köstlichkeiten verkauft. Hier gibt es auch Einrichtungen für Segler, Surfer, Parasailer und Wasserskifahrer.

Palmar → S. 121, E 9
Breiter, feinsandiger Strand an der Ostküste.

Péreybère → S. 116, C 2
Eine kleine Bucht im Norden von Mauritius mit klarem und tiefem Wasser.

Pointe aux Cannoniers → S. 116, C 2
Im Nordwesten. Ein schöner Strandabschnitt, an dem auch der Club Mediterranée liegt.

Pointe d'Esny → S. 121, D 11
An der Ostküste, südlich von Mahébourg. Feinsandiger, nicht sehr bevölkerter Strand.

Poste la Fayette ⇢ S. 117, F 4
Im Osten der Insel. Gute Möglichkeiten und Plätze für Angler.

Roches Noires ⇢ S. 117, E 3
An der Nordostküste. Ein schöner Platz, wenn es an der Westküste zu heiß wird: Hier bläst ein steter Wind.

Trou aux Biches ⇢ S. 116, C 3
Traumstrand im Nordwesten, der durch Kokospalmen geschützt ist.

Trou d'Eau Douce ⇢ S. 121, D 9
Mehrere Strände, die nicht sehr breit sind, aber Flair haben, da hier viele Mauritianer ihre malerischen Wochenendhäuschen bauten.

Tauchen

Gehen Sie doch einfach ganz vorsichtig in den späten Nachmittagsstunden langsam ins Wasser. Schon da werden Sie rund um Ihre Beine kleine Fische sehen. Mit Taucherbrille und Schnorchel können Sie dann noch ein paar Korallen entdecken, die allerdings bis zum schützenden Riff häufig nicht mehr so schön sind. Richtig interessant wird's dann erst dahinter. Tauchen im Indischen Ozean ist noch immer ein Erlebnis.

Haie gibt es rund um Mauritius nur in den richtig tiefen Gewässern. Bei Mahébourg und der Blue Bay soll sich schon mal der eine oder andere tatsächlich bis ans Riff herangewagt haben. Sieben Arten von Haien leben rund um Mauritius, darunter der Hammerhai und der Blauhai. Drei Arten von Rochen – unter anderem der Mantarochen – leben ebenfalls in den Gewässern rund um die Insel sowie vier verschiedene Aal-Arten.

Aber Sie können auch schon mal unter Wasser Ihr vielleicht zukünftiges Abendessen schwimmen sehen: Tunfische, Bonitos, Red Snappers, Sardinen und Heringe. Letztere sind einer der wichtigsten Export-Artikel der Insel und die am meisten verzehrten Fische.

Dank des schützenden Riffes rund um Mauritius finden Sie überall wundervolle farbenfrohe Riff-Fische. Manche sind auch ausgesprochen gefährlich. Der Stonefish beispielsweise ist wie ein Chamäleon, nimmt die Farben und Schattierungen der ihn umgebenen Steine und Korallen an, während er den Tag im Sand bewegungslos liegend verstreichen lässt – wartend, dass er seinen giftigen, tödlichen Stachel ausfahren kann.

Insgesamt gibt es 23 Tauchzentren auf Mauritius. Fast jedes Hotel bietet neben Leihausrüstung und organisierten Tauchtouren auch Unterricht an, der immer im Pool beginnt.

Allgemeine Auskünfte
Mauritius Underwater Group
Tel. 6 96 53 68
Im Norden
Merville Diving Center ⇢ S. 116, C 2
Grand Baie; Tel. 2 63 86 21
Im Osten
Neptune Diving Center ⇢ S. 117, F 4
Belle Mare; Tel. 4 15 51 01
Im Süden
Easy Diver ⇢ S. 118, B 7
Le Morne; Tel. 6 83 68 00
Im Westen
Black River Diving Center ⇢ S. 118, C 6
Tel. 6 83 65 03

Wer die Unterwasserwelt beobachten möchte, ohne Tauchen lernen zu müssen, kann eine Fahrt im Glasbodenboot buchen oder einen Unterwasser-Spaziergang unternehmen.
Centre Sport Nautique
Tel. 2 63 80 17

Trekking

Abseits des Tourismus, abseits des Alltages: Es gibt kaum etwas Schöneres, als zu Fuß die tropische Landschaft kennen zu lernen. Seit kurzem gibt es auch geführte Trekkingtouren!
Domaine de Chamarel – La Fleche Ltee; Terres des Couleur, Chamarel;
Tel. 2 51 10 94 (9–15 Uhr), Fax 6 83 64 81

Familientipps – Hits für Kids

Flach abfallende Strände, weißer Sand und ein warmer Indischer Ozean – ein Paradies auch für Kinder.

Eis am Stiel, in allen möglichen Farben, Formen und Geschmacksrichtungen, findet besonders bei kleinen Wasserratten großen Anklang.

Wirklich schade, dass Mauritius so weit von Mitteleuropa entfernt ist. Denn der lange Flug ist für Kinder und daraus resultierend oft auch für Eltern eine Strapaze, für den Körper – und auch fürs Portemonnaie. Aber das Leben auf dieser wunderschönen Insel ist ein wahrer Genuss für Groß und Klein. Und die Mauritianer lieben Kinder!

Mauritius ist allerdings keine typische Ferieninsel für Familien. Es ist mehr ein Eiland für Verliebte, für Honeymooner, ob frisch oder seit 25 Jahren verheiratet. Hin und wieder trifft man Kinder aus Südafrika, aus Frankreich, manchmal auch aus Deutschland. Dabei ist die Insel auch und gerade für Kinder so schön: ein badewannenwarmer Indischer Ozean, der nie aufgrund von Strömungen oder heftigem Wellengang gefährlich ist, herrliche weiße Sandstrände, tolle Ausflugsziele wie beispielsweise exotische Tierparks, die für Eltern und Kinder spannend sind.

Tolle Ausflugsziele

Und dann gibt es da eben noch dieses fantastische Sportangebot, das auch die Kinder interessiert. Surf-Kurse, Katamaran-Segeln, Mountainbike-Fahrten. Die Kinder können Affen und Riesenschildkröten erleben oder Museen besuchen mit alten Schiffen und Kanonen.

Wo schlafen wir? Wer mit seinen Kindern nach Mauritius reist, kann unter verschiedenen Möglichkeiten der Unterbringung wählen. Es gibt inzwischen viele Bungalowanlagen für Selbstversorger. Reizvoll ist der Aufenthalt aber auch im Hotel, denn durch den hervorragenden Service vieler Häuser haben Eltern mehr Zeit für sich. Zahlreiche Hotels bieten beispielsweise Babysitterdienste, Kinderpools und Kinderanimation. Verwöhnt werden die kleinen Mauritius-Besucher sowieso, nicht nur von den freundlichen Servicekräften und dem Hotelpersonal. Auch die Bevölkerung freut sich über die kleinen Gäste.

Der absolute Hit für Familien ist das neue Hotel **Coco Beach** an der Ostküste der Insel. Jeden Tag ist in dem bunten Haus etwas los. Hier treffen sich auch manchmal die einheimischen Jugendlichen. Das Coco Beach hat Flair, hier gibt es Leben pur – fürs Auge, fürs Ohr, für alle Sinne.

Wer gern in einem Apartment oder einem Bungalow als Selbstversorger Urlaub machen möchte, ist am besten in der unmittelbaren Nähe von Grand Baie aufgehoben. Dort haben Sie die besten Einkaufsmöglichkeiten. Supermärkte, kleine Gemüsehändler und reichlich Lokale und Restaurants machen den Ferienalltag einfacher.

Wer seinen Kindern zwischendurch mal etwas anderes bieten möchte als das schöne Strandleben, kann wandern oder eine Bustour unternehmen. Zum Beispiel nach **Domaine Les Pailles**. Es mutet wie ein Ausflug in die Vergangenheit an, südlich von Port Louis: eine alte 2

MERIAN-Tipp

4 Naschen zum Nulltarif

Kostenlos und köstlich für Kinder und Erwachsene: In der Zeit, in der das Zuckerrohr geerntet wird, also etwa von Juni bis Juli, darf sich jeder etwas von den Feldern holen. Wenn Sie mit dem Taxi unterwegs sind, bitten Sie doch den Fahrer einmal anzuhalten, um eine Stange zu ernten. Es ist nicht ganz einfach, das bis zu zwei Meter hohe Zuckerrohr abzubrechen. Wenn Sie es geschafft haben, schneiden Sie die Stange in kleine Stücke, und entfernen Sie die dunkle Schale. Zurück bleibt das gelbe faserige Fleisch, an dem man lutscht wie an einem Lolly. Der Saft ist herrlich süß.

Zuckermühle, eine Rum-Destillerie, alte Kolonialhäuser und Kutschen, mit denen Sie durch das gesamte Areal fahren können. Besonders spannend ist eine Tour durchs Gebirge mit dem Jeep, die Sie von hier aus unternehmen können. Mit etwas Glück sehen Sie dabei Affen und leuchtend bunte Vögel. Wer dazu keine Lust hat, kann lernen, Pferdekutsche zu fahren, sich auf einem verrückten Golfkurs versuchen oder im Pool schwimmen gehen. Sehr schön ist auch die Nachbildung eines historischen Zuges, der einst auf Mauritius verkehrte. Und zum Abschluss können Sie schlemmen, was das Herz begehrt. Ob chinesisch, französisch, indisch, kreolisch oder ganz preiswert in der italienischen Pizzeria: In Domaine Les Pailles haben Sie die Auswahl zwischen fünf hervorragenden Restaurants! Abends (mittwochs, freitags und samstags) gibt's im französischen Restaurant als »Beilage« Jazz, im italienischen Restaurant spielen samstags Pop- und Rockbands live.

Ferienerlebnisse wie aus dem Bilderbuch

Auf Mauritius werden viele **Bootstouren** für Kinder angeboten: Ob auf einem Katamaran, einer Yacht oder einem alten Schoner, ob den ganzen Tag lang, nur für ein paar Stunden oder für die Zeit des Sonnenuntergangs – unvergessliche Ferieneindrücke sind garantiert!

Das gilt auch für ein ganz besonderes Erlebnis: Möglich ist es inzwischen auch auf Mauritius, mit der ganzen Familie einen Hubschrauber zu chartern. Air Mauritius besitzt zwei »Bell Jet Ranger«, mit denen man fast einmal um die ganze Insel geflogen wird: einmal entlang der Küste und über die Berge von Port Louis. Am schönsten ist ein solcher Flug natürlich während des Sonnenunterganges.

20 Minuten Flug kosten ca. 80 € pro Person. Vorausgesetzt, es fliegen vier Personen mit. Informationen über solche Angebote erhält man in jedem größeren Hotel.

Spaß und Action für Jung und Alt: Die Attraktionen der Domaine Les Pailles entdeckt man am besten bei einer Rundfahrt mit 1 PS.

Unterwegs auf Mauritius

Menschliche Eingriffe sind hier untersagt: Blick über Mauritius' wunderschönen Nationalpark Gorges de la Rivière Noire.

Die Insel hat viel zu bieten: blaue Lagunen und schneeweiße Strände, erloschene Vulkane, exotische Pflanzen – und die liebenswürdige Gastfreundschaft der Einheimischen.

Port Louis

Quirliges Leben in der Inselhauptstadt – wer Port Louis nicht kennt, kennt auch Mauritius nicht.

Nah am Wasser gebaut: das Shoppingzentrum Caudan Waterfront in Port Louis, das sich ohne weiteres mit anderen hochmodernen Einkaufszentren in Europa und Asien messen kann.

Port Louis

→ S. 116, B 4

130 000 Einwohner
Stadtplan → Umschlagkarte hinten

Schon am frühen Morgen wird die Stadt geweckt. Zuerst durch den Muezzin, dann durch die Autos, die sich verzweifelt durch die Stadt zu kämpfen versuchen. Die einzige wirkliche Hauptstraße, die den Süden mit dem Norden der Insel verbindet, führt mitten durch Port Louis. Und auf diesem Motorway M 2 drängeln sich alle. Für rund zwei Stunden geht dann nichts mehr.

Die Hauptstadt boomt. Sie reflektiert das ungeheure Wirtschaftswachstum der Insel. Rund 130 000 Menschen leben heute in Port Louis. 1918 waren es lediglich 50 000.

Selbst vor vier Jahren noch waren derartige Staus eher selten, knatterten Vehikel durch die Straßen, die man als Europäer schon für endgültig ausgestorben gehalten hatte. Heute stehen stattdessen Mittelklassewagen und große Limousinen Stoßstange an Stoßstange.

Wo sich heute die Menschen trotz der chaotischen Verkehrsverhältnisse vergnügt und freundlich auf den Weg zur Arbeit machen, lebten vor langer Zeit Schildkröten, so groß wie Schweine. Das berichteten zumindest die Holländer, als sie im Jahre 1598 zum ersten Mal auf der damals noch unbewohnten Insel Mauritius an Land gingen. Melukesereede (Schildkrötenbucht) nannten sie den Ort, an dem sie den Anker warfen.

Den Namen Port Louis erhielt die Stadt erst 1722, als die Franzosen hier an der Westküste der Insel festmachten. Warum die Siedler der Stadt diesen Namen gaben, weiß man bis heute nicht genau. Entweder zu Ehren König Ludwigs XV., der jedoch zu dieser Zeit noch ein Kind war, oder nach der gleichnamigen Stadt in der Bretagne.

Als 1735 der Comte de Labourdonnais in Port Louis ankam, war er es, der entschied, das Hüttendorf zu einer Hafenstadt auszubauen. Holzhäuser wurden durch Steinbauten ersetzt, die ersten Hafenanlagen entstanden. In Port Louis hielt nach und nach das zivilisierte Leben Einzug.

In den darauf folgenden Jahrzehnten wurde die Inselmetropole immer wieder von Katastrophen heimgesucht. Ein Feuer im Jahre 1816 vernichtete sie fast, 1866 brach eine Malariaepidemie aus. Mehr als 200 Menschen starben täglich. Kurz darauf fegten vier Zyklone über die Insel. Der letzte dieser Zerstörer kam im April 1892. Über 1300 Hütten, rund 900 Häuser und an die 60 Geschäfte machte er dem Erdboden gleich.

Noch heute brauen sich zwischen Dezember und April Zyklone über dem Indischen Ozean zusammen. Aber sie kommen nicht immer nach Mauritius. Der letzte Tropensturm war im Jahr 1992. Auf dem Motorway in Port Louis lagen Container, Dächer waren abgedeckt, Bäume umgestürzt. Aber die Hauptstadt hat sich wie immer schnell erholt. Von jeglicher Zerstörung war bald nichts mehr zu sehen.

Auch vom morgendlichen Verkehrschaos erholt sich Port Louis schnell. Ab 10 Uhr ist alles vergessen, jetzt kann man die Stadt richtig genießen. Die Geschäfte haben geöffnet, ein Spaziergang durch die Stadt wird zum Genuss: Sie halten auf dem Marché Central Ausschau nach frischem Obst und leckeren Gewürzen. Danach bummeln Sie durch das Caudan-Waterfront-Einkaufszentrum, das neben Kinos und einem Spielcasino auch Geschäfte beherbergt, in denen Sie sowohl Nützliches als auch einfach nur Schönes erstehen können.

Vielleicht möchten Sie auch einen Besuch in Chinatown oder die Besichtigung der Jummah-Moschee in Angriff nehmen? Auch das älteste Gebäude von Port Louis, das **Government House,** um 1740 vom Comte de

Die Statue der Königin Victoria wacht am schmiedeeisernen Gartentor des Regierungsgebäudes.

Labourdonnais gebaut, liegt in der Innenstadt.

Gegen 17 Uhr, kurz nachdem die Geschäfte schließen, füllen sich die Straßen der Hauptstadt. Es wird laut, die über 100 000 Pendler machen sich wieder auf den Weg nach Hause. Die meisten Touristen sind um diese Uhrzeit schon weg, denn ein Abend in der Hauptstadt lohnt sich nicht. Die Stadt ist abends tot – »dead as a Dodo«, wie die Mauritianer sagen und damit auf ihren seit Jahrhunderten ausgestorbenen, flugunfähigen Vogel Dodo anspielen.

Nur das Casino im neuen Caudan Waterfront Einkaufszentrum hat geöffnet, und auch in einigen Lokalen in Chinatown ist noch etwas los.

Wer mit einem Mietwagen unterwegs ist, also nicht auf Busse angewiesen ist, sollte diese abendliche Ruhe aber dennoch einmal genießen. Wenn man den Blick auf den beleuchteten Hafen für sich hat, die Stadt ruhiger wird und der Lärmpegel der Autos ganz langsam weniger wird, dann hat Port Louis einen ganz eigenen Charme. Am besten suchen Sie sich ein Café (zum Beispiel im hochmodernen Einkaufszentrum Caudan Waterfront), setzen sich gemütlich hin, erfreuen sich am Ambiente und am Blick aufs Meer.

Hotels/andere Unterkünfte

Labourdonnais Waterfront Hotel

····› Umschlagkarte hinten, a 2

Direkt neben dem neuen Einkaufszentrum sind Wohlfühlen und Verwöhnprogramm für jeden Genießer angesagt. Mit zwei hervorragenden Restaurants, Swimmingpool, Fitnesscenter und allem, was das Herz sonst noch begehrt.

Caudan Waterfront; Tel. 2 02 40 00, Fax 2 02 40 40; E-Mail: 100100.3111@compuserve.com; 108 Zimmer ●●●● CREDIT

Le Saint-Georges Hotel

····› Umschlagkarte hinten, b 5

Angenehmes Hotel, mit allem ausgestattet, was man benötigt: Bar und Restaurant im Haus, Air-condition, Telefon und TV in den Zimmern.

Rue Saint-Georges; Tel. 2 11 25 81, Fax 2 11 08 85; 60 Zimmer ●● MASTER

Bay View Hotel ····› S. 116, B 3

Niedliches kleines Hotel mit Restaurant und eigenem Strand.

Baie du Tombeau, 3 km nördlich von Port Louis; Tel. 2 47 26 26/86 17, Fax 2 47 27 72; 20 Zimmer ● MASTER

Bourbon Tourist Hotel

····› Umschlagkarte hinten, c 2

Preiswert, klein und dafür wirklich gut. Vor allem die Lage: direkt neben dem Quartier Chinois. Das Beste unter den einfachen Gästehäusern in diesem Viertel, wenn nicht in ganz Port Louis.

Rue Jummah Mosque; Tel. 2 40 44 07; 16 Zimmer ● MASTER

Spaziergang

Am besten starten Sie Ihren Rundgang an der **Post**, einem historischen Gebäude von 1810 direkt an der Hauptstraße, dem ein kleines Briefmarkenmuseum angegliedert ist. Bereits seit 1847 werden auf Mauritius Briefmarken gedruckt. Ein einziger Fehldruck machte die Blaue Mauritius zur Legende.

Wenn Sie die Hauptstraße überqueren, stehen Sie schon mitten im mauritianischen Leben: auf dem **Marché Central.** Chinesische, kreolische, europäische und indische Bauern bieten hier ihre Waren an. Ob Ledertaschen, Obst, Gemüse oder Gewürze – hier finden Sie alles.

Wenn Sie genug exotische Marktluft geschnuppert haben, gehen Sie die Rue de la Reine nach links, dann rechts in die Rue La Corderie. Sie gelangen so auf die Rue Royale, in die Sie ebenfalls nach links einbiegen. Nach zwei Querstraßen sehen Sie schon die **Jummah Moschee.** 1852 entschlossen sich moslemische Händler, dieses Gotteshaus zu bauen. Durch ihre Ausstattung mit edlem Holz und schönen Stukkaturen zählt es zu den schönsten auf Mauritius. Ein Stück weiter geradeaus, und Sie stehen direkt im **Quartier Chinois.** 3 Die Häuser rund um die Straße Dr. Sun Yat Sen stammen aus der Jahrhundertwende. In den kleinen Läden können Sie alles kaufen: Tees gegen sämtliche nur denkbaren größeren und kleineren Leiden, Lebensmittel oder auch Elektrogeräte.

An der Ecke Dr. Sun Yat Sen und Rue Rémy Ollier gehen Sie nach rechts. Kurz vor der Rue Jules Koenig stehen Sie vor dem ältesten **Theater** der südlichen Hemisphäre, dessen Bau im Jahre 1820 begonnen wurde.

An der Hauptstraße, der Rue Intendance, biegen Sie nach rechts ein und haben dann sogleich mehrere Sehenswürdigkeiten vor Augen: rechts das **Government House,** eines der ältesten Gebäude auf der Insel; es wurde 1740 vom Gouverneur Mahé de Labourdonnais gebaut. Links, in einem kleinen Garten mit herrlichen Banyan-Bäumen, steht das **Mauritius-Institut**, das 1880 als Kulturzentrum errichtet wurde. Heute befindet sich

Die 1852 erbaute Jummah Moschee zählt mit ihrer edlen Ausstattung zu den schönsten Gotteshäusern auf Mauritius.

Die kleine und relativ bescheidene Ausstellung des Natural History Museum vermittelt Besuchern einen ersten Eindruck von der vielfältigen Natur auf Mauritius.

in dem Gebäude das **Naturhistorische Museum**, mit einheimischen Vögeln und Fischen, einer Nachbildung des ausgestorbenen Vogels Dodo sowie eine Bibliothek mit über 5000 Büchern. Auf der Chaussée geht es weiter in Richtung Queen Elizabeth und damit zur palmengesäumten **Place d'Armes** mit einem Denkmal der Queen; es folgt die **Place Labourdonnais** mit einer Statue des Franzosen.

Dauer: ca. 2 Stunden

SEHENSWERTES

Caudan Waterfront

⇢ Umschlagkarte hinten, a 2

4 Perfektes Shopping-Glück (nicht nur) für regnerische Tage: ein Einkaufszentrum, das sich mit vielen in Europa oder den Großstädten Asiens messen kann – auch wenn es sehr viel kleiner ist. Aber das Angebot ist perfekt: Von hochwertigem Brillantschmuck über edle Kaschmirpullover bis hin zu pfiffiger Kinderbekleidung – im Caudan Waterfront finden Sie alles. Zum Komplex gehören auch Cafés mit herrlichem Blick aufs Meer, Kinos, Restaurants und ein Spielcasino (→ S. 49, 51).

Direkt am Hafen

Champ de Mars

⇢ Umschlagkarte hinten, de 5-6

Der Engländer Colonel Draper gründete bereits im Jahre 1812 den Mauritius Turf Club. Die Galopprennbahn ist damit die zweitälteste der Welt, nach der berühmten Bahn in Ascot. In der Rennsaison von Mai bis Dezember ist Champ de Mars nicht nur ein Treffpunkt für Pferde- und Wettfreunde; es lohnt sich für jedermann, einmal in diese Welt hineinzuschnuppern. Je nachdem, wo Sie sitzen oder stehen wollen, können Sie ganz leger oder auch nobel gekleidet an den Events teilnehmen. Aus kulinarischer Sicht lohnt sich der Ausflug auf die Rennbahn übrigens auch: Überall stehen Buden, an denen Sie diverse Köstlichkeiten probieren können. 5

Rue d'Estaing

Government House

⇢ Umschlagkarte hinten, bc 3

Das älteste Gebäude der Insel: Sein Erdgeschoss baute Mahé de Labourdonnais im Jahre 1738. Die beiden weiteren Stockwerke wurden dem Haus später angefügt. Das Haus liegt am Ende der Alleen Av. Duc d'Edinburgh und Av. Reine Elizabeth.

Jummah Mosque

⇢ Umschlagkarte hinten, c 2

Die Moschee ist die schönste der Insel, eine Oase der Ruhe. Frauen und Nichtmuslime dürfen das Gotteshaus nicht betreten, lediglich der Vorhof ist für sie geöffnet. Zur Moschee gehören eine Koranschule und eine Bibliothek.

Rue Royale; Sa–Mi 9.30–12 Uhr

La Citadelle (Fort Adélaïde)

⇢ Umschlagkarte hinten, e 3

Das Fort errichteten die Engländer im Jahre 1834, es diente als militärischer Schutz. Heute ist die Zitadelle mit ihrem Innenhof ein friedlicher Platz, an dem Ausstellungen, Theateraufführungen und Konzerte stattfinden. Und nicht zuletzt genießt man von hier aus einen herrlichen Blick über den Hafen und die Stadt.

Marché Central

⇢ Umschlagkarte hinten, b 2

Wenn Sie diesen Markt betreten, werden alle Sinne aktiviert: die Augen von den vielen Farben der verschiedenen Obst- und Gemüsesorten, die Ohren vom Stimmengewirr, die Nase von den wunderbaren Gerüchen der Gewürze. Die Decke hängt voller handgearbeiteter Körbe. Mit einem Wort: Die Atmosphäre ist einfach fantastisch! Versuchen Sie aber nicht, sich irgendwie zurechtfinden zu wollen. Lassen Sie sich einfach treiben, genießen Sie. Und bevor Sie den Markt wieder verlassen, sollten Sie unbedingt »gateau moutaille« probieren, eine köstliche Süßigkeit.

Rue Farquhar/Rue de la Reine; Mo–Sa 6–18 Uhr

Père Laval

⇢ Umschlagkarte hinten, nordöstl. f 1

Das Grab des Paters und Heilers Père Laval ist das Ziel ungezählter Pilger. Egal welcher Herkunft, egal welcher Religion, sie kommen aus Südafrika, von den Seychellen, aus Frankreich und England. Die Gläubigen berühren die Nachbildung seines Leichnams im Schrein neben der Kirche Sainte-Croix, beten, stellen Kerzen auf. Und hoffen auf Heilung. Ein erstaunlicher Ort der Begegnung und der Ruhe.

Eine Ausstellung über das Leben des Heilers können Sie neben der Kirche besuchen (Mo–Sa 8.30–17, So 10–16.30 Uhr; Eintritt frei). Am Todestag des Paters findet in Sainte-Croix ein Fest statt (→ MERIAN-Tipp, S. 27).

Sainte-Croix

Quartier Chinois

⇢ Umschlagkarte hinten, cd 2

Kleine Läden und Werkstätten in alten Häusern, eine bezaubernde Stimmung in einer – so scheint es – anderen Welt. In den kleinen, schiefen Häusern finden Sie viele Restaurants, oftmals im ersten Stock.

Rue de la Rivière

Eingangsportal der Chinesischen Schule im bezaubernden Quartier Chinois.

Saint-Louis

⇢ Umschlagkarte hinten, c 4

Die katholische Kathedrale ist die älteste Kirche der Stadt. Die Häuser rund um diesen unscheinbaren Bau lassen erahnen, wie die Stadt einmal ausgesehen haben muss.

Rue Dauphine

Signal Mountain

⇢ Umschlagkarte hinten, südwestl. b 6

Es gibt zwei Möglichkeiten, um zum höchsten Punkt der Stadt zu gelangen und den fantastischen Blick zu genießen: Vom Boulevard Edouard VII ist man etwa eine Stunde zu Fuß auf den 328 m hohen Berg unterwegs. Bequemer ist ein Taxi.

Tempel Lam Soon

⇢ Umschlagkarte hinten, e 5

Mit seinen Ornamenten ist der Tempel sicherlich einer der typischsten auf der Insel.

Ecke Rue Dr. Eugène Laurent und Rue Corneilles

Museen

Mauritius Museum Council

⇢ Umschlagkarte hinten, b 3

Früher war es einmal das Mauritius Institut, das im Jahre 1885 als kleines Museum gegründet wurde. Damals beschränkte man sich auf die Sammlung und das Studium einheimischer Tierarten. Heute ist es ein Museumskomplex. Es beherbergt das Naturhistorische Museum, das Marine-Museum, das Sookdeo Bissoondoyal Gedenk-Museum, das Robert Edward Hart Gedenk-Museum, das Sir Sewoosagur Ramgoolam Gedenk-Zentrum für Kultur und eine Kunstwerke-Kollektion. Darunter auch die De Rochecouste Ölgemälde-Sammlung. Das Museum hat noch große Pläne: In Zukunft sollen hier noch ein Eisenbahn-Museum, eine Kunstgalerie und ein Museum über Rodrigues entstehen.

La Chaussée; Tel. 2 12 06 39; Mo, Di, Do, Fr 9–16, Sa/So 9–12 Uhr; Eintritt frei

Essen und Trinken

Carri Poulé

⇢ Umschlagkarte hinten, b 2

Das indische Restaurant zählt zu den meistbesuchten der Insel, hier gibt's die besten Currys.

Avenue du Duc d'Edinburgh; Tel. 2 12 12 95; So geschl. ●● AmEx MASTER VISA

MERIAN-Tipp

5 First Restaurant

Kennen Sie Dim Sum? Diese köstlichen kleinen Vorspeisen der chinesischen Küche? Im First Restaurant gibt es die kulinarischen Wunderwerke, in Teig gehüllte Krabben zum Beispiel, immer sonntags ab 11.30 Uhr. Dim Sum erwecken zwar selten den Eindruck, dass man mit ihnen nur annähernd seinen Hunger loswerden könnte, doch überraschenderweise sind sie sehr sättigend. Abends serviert man im First Restaurant traditionelle chinesische Küche.

1st Floor Cnr., Rue Royale & Rue la Corderie; Tel. 2 12 06 85; Mo–So 11–14.30, Di–So 18–21.30 Uhr ●●● AmEx MASTER VISA ⇢ Umschlagkarte hinten, c 2

La Flore Mauricienne

⇢ Umschlagkarte hinten, b 3

Straßencafé und zwei Restaurants mit europäischer und kreolischer Küche.

Rue la Intendance; Tel. 2 12 22 00; Sa und So geschl. ●● ▭

Lai Min

⇢ Umschlagkarte hinten, d 1

Gehobene kantonesische Küche. Hier treffen sich auch viele Mauritianer.

56–58, Rue Royale; Tel. 2 42 00 42; tgl. 11.30–14.40 und 18.30–21.30 Uhr ●● AmEx MASTER VISA

Le Ravinale Restaurant

⇢ Umschlagkarte hinten, c 3

Ein angenehmes Restaurant, um sich gemütlich hinzusetzen oder um sich etwas für zu Hause mitzunehmen. Gute chinesische Küche.

Bourbon Street 11; Tel. 2 08 42 51; tgl. ab 18.30 Uhr, So geschl. ●● ▭

Shenaz

Pakistanische Küche.

Gonin/Rue Geoffroy; Tel. 2 10 25 25; So geschl. ●● MASTER VISA

Stax Steak Ranch
⇢ Umschlagkarte hinten, c 5
Das Restaurant wird nach wie vor von Steak-Hungrigen frequentiert. Jetzt wurde das reichhaltige Angebot noch um Seafood erweitert.
Rue Labourdonnais; Tel. 2 11 19 78; Sa und So geschl. ●●

EINKAUFEN

Caudan Waterfront
⇢ Umschlagkarte hinten, a 2
→ S. 46, 49

Craft Market
⇢ Umschlagkarte hinten, a 2
Witzige Souvenirs wie beispielsweise Dodo-Statuen, Schlüsselanhänger, Gewürzsortimente oder bunte Tischdecken.
Caudan Waterfront

Eastern Trading
⇢ Umschlagkarte hinten, c 3
Hervorragende Weine. Auch edelste Tropfen aus den Fünfzigerjahren.
48, Rue Sir William Newton

Floréal ⇢ Umschlagkarte hinten, c 3
Typische mauritianische Strickpullis und Jacken sowie Kaschmirpullover.
Rue du Vieux Conseil

Happy World House
⇢ Umschlagkarte hinten, c 3
Ein Kaufhaus, in dem Sie (fast) alles finden.
37, Rue Sir William Newton

Harris Wilson
⇢ Umschlagkarte hinten, a 2
Hier sind vor allem schöne Wollpullover im Angebot. Teilweise klassisch-konservativ, aber auch Strickwaren mit schräg-bunten Mustern.
Caudan Waterfront

Phydra ⇢ Umschlagkarte hinten, a 2
Duftende Mitbringsel: Seifen, Kosmetika, Parfums und andere Geschenkartikel.
Caudan Waterfront, 1. Stock

Poncini
⇢ Umschlagkarte hinten, a 2/c 3
Edelsteine, Perlen und exklusiver Goldschmuck in zwei Filialen.
Caudan Waterfront/Place du Théâtre

Sashena Boutique
⇢ Umschlagkarte hinten, b 3
Von adidas bis Cerruti: schöne Sachen zu angenehmen Preisen.
Rue la Chaussée; Rue la Intendance

AM ABEND

Caudan Waterfront
⇢ Umschlagkarte hinten, a 2
Die Hauptstadt, die tagsüber voller Leben ist, wirkt nach Geschäftsschluss fast ausgestorben. Mauritianer gehen selten abends aus. Seit dem Bau des Caudan Waterfront Einkaufszentrums gibt es immerhin noch ein Kino und ein weiteres Spielcasino für Nachtschwärmer. Die letzten Kinovorstellungen beginnen um 21 Uhr (Tel. 2 11 53 61). Im Casino geht es – wie in allen Spielcasinos der Insel – sehr gesittet zu. 4

L'Amicale
⇢ Umschlagkarte hinten, c 1
Es lohnt sich, auch einmal einen Blick in das chinesische Casino zu werfen und den Spielern über die Schulter zu schauen. Gespielt werden vor allem Black Jack und Würfelspiele.
Rue Royale; Tel. 2 42 33 35; Mo–Sa 19–5, So 13–5 Uhr

Merchant Navy Club
⇢ Umschlagkarte hinten, c 1
In dieser Bar treffen sich Seeleute und ein paar Urlauber, die es genießen, abends außerhalb der Hotels noch einen Drink nehmen zu können.
Rue du Dr. Joseph Rivière; tgl. 9–23 Uhr

SERVICE

Auskunft

Mauritius Travel and Tourist Bureau
⇢ Umschlagkarte hinten, c 3
Rue Sir William Newton; Tel. 2 08 47 39, 2 08 47 34, Fax 2 08 86 07

Tourism Promotion Authority (MTPA)
⋯> Umschlagkarte hinten, b 3
Medcor Building; 11–12 Floor,
Rue Kennedy; Tel. 208 63 97;
Mo–Fr 9–16, Sa 9–12 Uhr

Banken
⋯> Umschlagkarte hinten, c 3
In der Rue Sir William Newton findet man die meisten Banken.
Bank of Mauritius
Tel. 2 08 41 64
Barclays Bank
Tel. 20 81 21 18 16
Mauritius Commercial Bank
Tel. 2 08 28 01
Union Bank
Tel. 2 08 80 80

Bus und Taxi
Die zwei wichtigsten Busstationen sind **La Gare Victoria** (⋯> Umschlagkarte hinten, a 3) – um in den Süden, ins Inselinnere und nach Westen zu gelangen (Tel. 2 12 20 26) – und **La Gare du Nord** (⋯> Umschlagkarte hinten, b 2); hier starten Busse in Richtung Norden und nach Osten (Tel. 2 41 15 11, 2 42 14 25).

Achtung: Vergessen Sie auf keinen Fall, dass die letzten Busse bereits am frühen Abend Port Louis verlassen.

Weitere Auskünfte
United Bus Service Ltd.
Tel. 2 12 20 26, 2 12 20 28
Triolet Bus Services Ltd.
Tel. 2 41 15 11, 2 42 31 77

Taxis finden Sie an folgenden Plätzen: Place d'Armes, Post Centrale, Gare Victoria, Gare du Nord, Plaine Verte und am Hôpital Jeetoo.

Krankenhäuser
Hôpital Dr. A. G. Jeetoo
⋯> Umschlagkarte hinten, b 5-6
Rue Volcy Pougnet; Tel. 2 12 32 01
City Clinic
Rue Dr Edgar Laurent; Tel. 2 42 04 86

Post ⋯> Umschlagkarte hinten, b 2
Das Hauptpostamt liegt direkt an der Hauptstraße M 1, die am Hafen entlangführt. Kleinere Postämter finden Sie an der Victoria-Busstation und am Ende der Rue Maillard.
Mo–Fr 8–11.15, 12–16, Sa 8–11.45 Uhr

Telefon- und Faxservice
Falls nicht im Hotel, bei
Mauritius Telecom
Rogers House; Tel. 2 08 10 36

Ziele in der Umgebung

Domaine Les Pailles

⋯> S. 119, D 5

Etwas außerhalb von Port Louis liegt eines der perfektesten Ausflugsziele für Familien, ein grandioser Park, in dem jeder, egal welchen Alters, garantiert irgendetwas findet, das ihm Spaß bringt: vielleicht eine gemütliche Kutschfahrt oder eine spannende Tour mit dem Landrover durch die Berge? Auf einer kleinen Zuckerplantage wird Ihnen der Anbau des für Mauritius wichtigsten landwirtschaftlichen Produktes gezeigt, in der Rum-Brennerei entsteht Hochprozentiges. Außerdem können Sie einen Blick in duftende Gewürzgärten und ins Wildreservat werfen. Auf dem Areal haben Sie die Auswahl zwischen mehreren Restaurants. 2

Essen und Trinken

Cannelle
Kreolische und europäische Küche.
Tel. 2 12 42 25/60 03; Mo–Sa 11.30–15 Uhr ●●● AmEx MASTER VISA

Indra
Eines der besten indischen Restaurants der Insel. Allein die Einrichtung des Restaurants ist sehenswert. Im Hintergrund spielt dezente Livemusik.
Tel. 2 12 42 25/60 03; Mo–Sa 12–15 und ab 18 Uhr, So und Fei geschl. ●●● AmEx MASTER VISA

MUSEEN

Worldwide Mask Museum

Erst kürzlich wurde dieses neue Museum in der Domaine Les Pailles eröffnet. Es beherbergt eine faszinierende Sammlung verschiedener Masken aus der ganzen Welt.

Tel. 2 12 42 25; So geschl.; Eintritt frei

AM ABEND

Interessant – auch für Nicht-Spieler – ist ein Besuch im **Spielcasino**, das sich ebenfalls auf dem Gelände befindet. Es wird Black Jack und Roulette gespielt. Spannend ist es, den Chinesen zuzuschauen, die häufig zu zweit spielen: Einer setzt, der andere führt Buch über die Kombinationen.

Le Pouce

→ S. 116, B 4

Auf den 811 m hohen Berg Pouce führt ein gut begehbarer Pfad. Sie erreichen ihn vom Vallée du Pouce im Süden von Port Louis. Für den Aufstieg (gute Kondition ist unbedingt erforderlich!) benötigen Sie rund vier Stunden. Doch die Anstrengung lohnt sich: Der Blick ist fantastisch!

Quatre Bornes/ Rose Hill/Beau Bassin

→ S. 119 , D 5

6 Die drei kleinen Städtchen, die sich einst direkt am Fuße des Corps de Garde Mountain angesiedelt haben, sind in den vergangenen Jahren nach und nach zu einer einzigen Stadt zusammengewachsen. Jede für sich hat einige ganz interessante Geschäfte. Besuchenswert ist auf jeden Fall der Markt von Quatre Bornes auf dem zentralen Platz – vor allem samstags, wenn Kleidung verkauft wird. Die Preise sind niedrig, die Qualität keineswegs schlechter als in den Geschäften. Besonders Polohemden, Socken und T-Shirts sind hier extrem preiswert. Quatre Bornes hat außerdem eine beträchtliche Anzahl an hinduistischen Tempeln, die von großer Wichtigkeit beim Ausrichten des Cavadee-Festes sind. Rose Hill hat eine schöne Kunstgalerie, in Beau Bassin bezaubern die **Balfour Gardens**.

Die Villa Eureka, ein prachtvolles Herrenhaus aus dem Jahr 1830, steht in einem tropischen Park vor der faszinierenden Kulisse der Moka-Berge.

MUSEEN

Villa Eureka → S. 119, D 5

Am Fuße der Moka-Berge liegt dieses bezaubernde Kolonialhaus aus dem Jahre 1830, das schönste der Insel. Heute ist die Villa Eureka ein Museum mit 14 Schlafzimmern und 109 Türen, eingerichtet mit kostbaren Antiquitäten. Doch nicht nur die Möbel wurden konserviert, auch die besondere Stimmung in der Villa. 7

Mo–Sa 9–17 Uhr, So geschl.; Eintritt 100 Rs

ESSEN UND TRINKEN

Le Bon Choix

In einem angenehm klimatisierten Raum werden typisch kreolische Spezialitäten serviert.

Route Saint-Jean 76, Quatre Bornes; Tel. 4 65 38 56; tgl. 11.30–14.30 und 18–22.30 Uhr ●● MASTER VISA

Der Norden

Weiße Traumstrände, tolle Sport- und Shoppingangebote: Der Norden bürgt für beste Ferienlaune.

Das einstige Fischerdorf Grand Baie hat sich in den vergangenen Jahren zu einem viel besuchten Urlaubsort gemausert.

Pamplemousses und Rivière du Rempart – die beiden Distrikte, die den Norden der Insel ausmachen, sind ein Synonym für fantastische Ferien. Es sind nicht nur diese wunderschönen Buchten und die herrlichen Strände – etwa in Trou aux Biches, Mont Choisy, Pointe aux Cannoniers, Cap Malheureux oder Péreybère –, auf die das warme, ruhige Meer schwappt. Es sind auch die wunderschönen, seltsam geformten Vulkanberge, die das einmalige Bild der Insel prägen. Es sind die Zuckerrohrfelder, durch die ein steter Wind weht, die alten Schornsteine der ehemaligen Zuckerfabriken. Und vielleicht auch der eine oder andere Prominente, der im fast schon legendären Hotel Royal Palm oder vielleicht auch im ganz neuen La Residence (→ MERIAN-Tipp, S. 61) abgestiegen ist – in der Tat zwei Häuser, für die das Prädikat »Luxus« schon fast nicht mehr ausreicht.

Für Sportfreaks gibt es hier unzählige Gelegenheiten, sich auszutoben. Die meisten Hotels bieten sämtliche Wassersportmöglichkeiten wie Wasserski, Segeln, Surfen und Schnorcheln. Viele Häuser haben Golfplätze, Fahrräder und manche sogar einen Reitstall. In **Trou aux Biches** hat sich ein großes Zentrum für Hochseefischerei etabliert; das einmalige Erlebnis eines Unterwasserspaziergangs können Sie in Grand Baie erleben. Oder Sie mieten sich eine Yacht und genießen den Sonnenuntergang vom Wasser aus. Abenteuerlustige verschaffen sich beim Parasailing einen Überblick über den Norden der Insel.

Überall im Norden ist es herrlich und relativ mühelos, die Gegend per Fahrrad zu erkunden. Es gibt nur wenige Steigungen, man fährt gemütlich durch kleine Dörfer. Überall werden Sie fröhlich begrüßt, können hier und da anhalten, sich etwas zu essen oder zu trinken kaufen und an einem der wundervollen Strände einen Badestopp machen.

Was den Norden darüber hinaus besonders attraktiv macht, ist zum einen die Nähe zu Port Louis – das Touristenzentrum Grand Baie an der Nordküste ist nur 17 km von der Hauptstadt entfernt.

Zum anderen bietet **Grand Baie** mit seinen zahlreichen Geschäften, Boutiquen und Restaurants sowohl Hotel- als auch Feriengästen in Bungalows Einkaufsmöglichkeiten und Amusement wie sonst nirgendwo auf der Insel. Die Infrastruktur ist im Norden nahezu perfekt.

Cap Malheureux

→ S. 117, D 2

Das Kap ist der nördlichste Punkt von Mauritius. Hier landeten 1810 die Briten, als sie die Insel von den Franzosen eroberten.

Von hier aus hat man einen herrlichen Blick auf die kleinen Inseln, die Mauritius vorgelagert sind: die Coin de Mire und in der Ferne die Ile Plate sowie die Ilot Gabriel. Einen Besuch lohnt auch die kleine, im Kolonialstil erbaute katholische Kirche Notre-Dame Auxiliatrice.

Hotels/andere Unterkünfte

Kuxville

Apartment- bzw. Bungalowanlage direkt am Meer, bestens geeignet für Familienferien. Versorgen Sie sich selbst, oder lassen Sie sich in Ihrer Küche bekochen. Bei Ankunft ist der Kühlschrank bereits gefüllt.

Seit neuestem gehört zur Anlage auch eine Tauch- und Kitesurfing-Schule.

Cap Malheureux; Tel. 2 62 88 36, 2 62 79 13, Fax 2 62 74 07; www.kuxville.de; 16 Zimmer ●●● CREDIT

Fred's Apartment

Praktische Apartments ohne Service. Nur für Selbstversorger.

Péreybère Beach Lane; Péreybère; Tel. 2 63 88 30, Fax 2 63 75 31 ●● MASTER

Essen und Trinken

Nirvana

Hervorragende indische Küche und Seafood.

Coastel Road, Péreybère; Tel. 2 62 60 68; tgl. mittags und abends, So geschl. ●● MASTER

Am Abend

Secrets

Die Diskothek gehört zum Restaurant Nirvana.

Coastel Road, Péreybère; Tel. 2 62 67 11; So geschl.

Goodlands

S. 117, D 3

Die kleine Stadt im Nordosten von Mauritius erhielt ihren Namen im 19. Jh., als die Zuckerfabrikation dort florierte. Heute ist Goodlands industrialisiert, auch die Textilbranche hat sich hier niedergelassen.

Interessant ist der Ort aufgrund der Modellschiffe, die in der Fabrik, **Historic Marine,** gegründet 1982, von Hand gefertigt werden. Es sind die »Rolls Royce« unter diesen Schiffen, die besten, die Sie auf der Insel finden können. Die Preise entsprechen der hohen Qualität. Herstellung und Ausstellungsräume können auch besichtigt werden.

Mo–Fr 9–17 Uhr; Eintritt frei

Hotels/andere Unterkünfte

Le Grand Gaube

Exklusives Hotel in angenehmer Größe, mit guten Sportangeboten.

Grand Gaube, 5 km nordöstlich von Goodlands; Tel. 2 83 93 50, Fax 2 83 94 20; 119 Zimmer ●●● AmEx MASTER VISA

Grand Baie

S. 116, C 2

Das Wasser schimmert türkisfarben in dieser Bucht ganz im Norden von Mauritius, kleine Fischerboote liegen im Sand. Unter einem Busch hat sich ein Mauritianer zu einem Mittagsschläfchen in den Schatten zurückgezogen, ungeachtet des lauten Straßenlärms und der vielen Menschen nur wenige Meter hinter ihm ...

Trotz – oder gerade wegen – dieses Idylls ist Grand Baie eine Touristenstadt. Sie ist sogar *die* Touristenstadt auf Mauritius. In den letzten 15 Jahren hat sich das einstige kleine Fischerdorf – von den Holländern »Bay Without End« genannt – zum Ferienort gemausert.

Ein hübscher Anblick: die im Kolonialstil erbaute Kirche Notre Dame Auxiliatrice auf Cap Malheureux.

Das Leben ist hier relativ langsam – und laut: Busse, Autos, Mopeds rangeln sich förmlich um die freien Parkplätze; Fahrradfahrer sollten sich nicht in dieses Chaos stürzen. Man sollte es vielmehr zu Fuß durchqueren, sich hier oder da zu einem Drink niederlassen und einfach den Blick auf die Bucht genießen.

Gerade in den vergangenen zwei Jahren hat sich der Ort zunehmend zu der Einkaufsmöglichkeit schlechthin entwickelt. An der Route Royal finden Sie inzwischen alles, was Sie in Ihrem Urlaub benötigen. Sogar einen großen Supermarkt! Dazu kommen Souvenirgeschäfte, Modeboutiquen mit hervorragenden Angeboten sowohl für Damen als auch für Herren und Shops fürs Equipment aller Wassersportarten, die man natürlich alle auch hier ausüben kann. Für den Abend gibt es eine so große Auswahl an Restaurants, dass eine Entscheidung schwer fällt. Chinesisch? Japanisch? Kreolisch? Oder doch lieber italienisch? Wer einmal in Grand Baie gelandet ist, muss den Ort kaum verlassen. Hier ist sogar am Abend etwas los. Die Diskotheken haben allerdings keinen besonders guten Ruf.

HOTELS/ANDERE UNTERKÜNFTE

Royal Palm

Eines der besten Häuser der Insel und Promi-Treff Nummer eins. Die noblen Räumlichkeiten verteilen sich im tropischen Garten. Direkt am feinen Sandstrand. Gute, aber distanzierte Bedienung.

Grand Baie; Tel. 2 63 83 53, Fax 2 63 55 96; 79 Zimmer und Suiten

●●●● AmEx MASTER VISA

Club Méditerranée

Clubanlage im typischen Med-Stil, auf einer Landspitze nördlich von Grand Baie gelegen. Die Lage ist perfekt, Sie sind sportlich »ausgelastet« und finden gute Einkaufsmöglichkeiten in Grand Baie. Für Kinder wird gesorgt. Bekannt gute Küche.

Reich verziert präsentiert sich der Hindu-Tempel in Grand Baie. Hindus stellen mit über 50 Prozent die bei weitem größte religiöse Gruppe.

Pointe aux Cannoniers; Tel. 2 63 75 08, Fax 2 63 75 11; 220 Zimmer ●●●

AmEx MASTER VISA

Le Victoria

Schön gelegen an einem lang gezogenen Sandstrand südlich von Grand Baie; helle, freundliche Zimmer.

Pointe aux Piments; Tel. 2 04 20 00, Fax 2 61 82 24; E-Mail: victoria@bow.intnet.mu; 246 Zimmer und 7 Suiten ●●●

AmEx MASTER VISA

Maritim

8

Ferien haben hier wirklich Lebensqualität: Wo sonst wird man so herzlich und voller Lebensfreude bedient? Egal, ob während des Frühstücks auf der wunderschönen Terrasse oder im neuen Health Center. Barchef Abdool alias »Speedy« sorgt dafür, dass Sie den gewünschten Drink direkt an Ihre Strandliege serviert bekommen. Abends hat man die Qual der Wahl zwischen einem gigantischen Buffet, einem romantischen Dinner direkt am Strand oder im klimatisierten Restaurant der Spitzen-

Wer auf perfekten Service rund um die Uhr verzichten kann, mietet ein Ferienhaus. Dieses Prachtstück wartet in Pereybere an der Nordspitze auf Gäste.

klasse. Außerdem 9-Loch-Golfplatz, Wassersport, Fitnesscenter mit Meeresblick, Reitstall. Service pur – aber nicht zum Luxus-Preis!
12 km südlich von Grand Baie; Tel. 2 61 10 00, Fax 2 61 10 20; 220 Zimmer ●●● CREDIT
Auch zu buchen beim
Maritim Reisedienst
Tel. 0 61 51/9 05-7 90, Fax 9 05-7 80; E-Mail: info.vkd@maritim.de

Essen und Trinken

Le Bateau Ivre
Fische und Meerestiere für Liebhaber. Hervorragende Weine.
Route Royale, Pointe aux Cannoniers; Tel. 2 63 87 66; tgl. 19–2 Uhr ●●● AmEx MASTER

Le Pescatore
Das Restaurant ist unbestritten das beste auf der Insel. Leider stimmt das Preis-Leistungs-Verhältnis nicht: Die Preise sind völlig überzogen.
Trou aux Biches; Tel. 2 61 63 37 ●●● AmEx MASTER VISA

Paparazzi
Pizza ist die Spezialität des Hauses.
Sunset Boulevard; Tel. 2 63 88 36; tgl. mittags und abends, So geschl. ● MASTER

Phil's Pub
Spezialitäten: Seafood und kreolische Küche. Nicht unbedingt die klassische Pub-Stimmung, aber dafür sehr bequeme Rattan-Stühle.
Route Royale; Tel. 2 63 85 89; tgl. mittags und abends, So geschl. ●● MASTER

Sakura
Das einzige japanische Restaurant auf Mauritius. Leckere Sushi. Unbedingt reservieren!
Les Galleries Dabee, Ground Floor, Route Royale, Grand Baie; Tel. 2 63 80 92, Fax 2 63 48 74; tgl. mittags und abends ●●● AmEx MASTER VISA

Einkaufen

Délire
Schicke Badeanzüge und Bikinis.
Sunset Boulevard, Route Royale

Galerie Hélène de Senneville
Zeichnungen und Drucke einheimischer Künstler sowie Kunsthandwerk.
Route Royale; Tel. 2 63 74 26

Gecko
Hübsche Kinderkleidung.
Route Royale

Lacaze
Möbel, Kunst und Kitsch zum Dekorieren.
Sunset Boulevard, Route Royale

La Maurizia
Ein brandneues Shopping Center, in dem Sie alles finden, was das Urlauberherz begehrt. Café mit Blick aufs Meer.
Route Royale

Les Maquettes
Wer ein Modellschiff kaufen möchte, ist hier bestens aufgehoben.
Pointe aux Cannoniers

Monali
Mode vom Feinsten: Hier fehlt kaum ein namhafter Designer.
Sunset Boulevard, Route Royale

Parure
Uhren, Goldschmuck und Diamanten.
Sunset Boulevard, Route Royale

Pushkaar
Klassische indische Saris aus schönen und edlen Stoffen.
Route Royale

Shibani Knitting
Klassische Pullover, Jacken und Westen aus hochwertiger Wolle.
Sunset Boulevard, Route Royale

Am Abend

Phil's Pub
Die Bar zum Restaurant (→ S. 56).
Route Royale; Tel. 2 63 83 89; tgl. bis Mitternacht, So geschl.

Service

Apotheke
Route Royale; Tel. 2 63 84 03

Banken
Alle großen Banken haben Geldautomaten.
Barclays Bank
Route Royale; Mo–Sa 8–18, So 8–14 Uhr

Busverbindungen
Haltestellen in jeder Ortschaft.

Fahrräder und Mofas
Coastel Tours
Am nördlichen Ortsausgang, auf der rechten Seite hinter der Caltex-Station; Tel. 2 63 69 87

Sport
Centre Sport Nautique
Wassersport, inklusive Paragliding.
Sunset Boulevard, Route Royale; Tel. 2 63 80 17, Fax 2 63 74 79

Pamplemousses Gardens

→ S. 116, C 3

9

Diese Gartenanlage aus dem Jahre 1729 ist ein Muss: Auf rund 93 ha wachsen herrliche exotische Pflanzen, die über die Jahre aus der gesamten Welt zusammengetragen wurden. Über 500 Pflanzenarten gedeihen hier, darunter allein 80 verschiedene Palmen. Einheimische kommen gerne zum Wochenend-Picknick in diesen wunderschönen Park.
Tel. 2 43 35 31; tgl. 8.30–17.30 Uhr; Eintritt frei

Essen und Trinken

Mon Desir
→ MERIAN-Tipp, S. 19

Pamplemousses Gardens: fröhliches Picknick unter exotischen Bäumen.

Der Osten

Die Küste des Windes – nirgendwo weht er so wie hier. Aber nirgendwo findet man so schöne Strände.

Palmen und blauer Ozean: Am Strand des Luxushotels Resort Le Saint-Géran in Belle Mare weht immer die richtige Brise für ein aktives Segelvergnügen.

Dichte Ebenholzwälder, durch die selbst der Wind kaum durchkommt, sanft geschwungene Hügel und eine wundervolle Küste mit weißem Sand – das fanden die Holländer vor 400 Jahren vor, als sie auf Mauritius landeten. Touristen, die heute kommen, werden mit einem anderen Anblick konfrontiert. Die dichten Ebenholzwälder wurden teilweise schon von den Holländern gerodet, die nachfolgenden Franzosen gaben dem Wald den Rest. Sie fällten jeden noch stehenden Stamm, um Schiffe und Häuser zu bauen. Heute ist der Osten von Mauritius überzogen mit Zuckerrohr. Es sind nur wenige Familien, die den Zuckerrohranbau unter sich aufteilen.

Ein bisschen rauer ist es hier. Vor allem, wenn im Juli und August der Wind unaufhörlich bläst. Aber es ist auch etwas ruhiger als im Norden, die Hotels sind rarer, die Infrastruktur ist nicht ganz so perfekt. Dafür gibt es wundervolle Strände wie beispielsweise **Belle Mare** oder die etwas bekanntere Insel **Ile aux Cerfs**. Aber als unheilbarer Romantiker sollten Sie sich von diesem Teil der Insel fernhalten: Die ewige Brise lässt einen nur selten ein wirklich kuscheliges Strandleben führen. Und dann geht die Sonne bekanntlich im Westen unter ... Dennoch entdecken immer mehr Hoteliers auch diesen Abschnitt der Küste, um exklusive Häuser zu bauen. Hier dürfen Besucher – außer Luxus – nur wenig erwarten. Außerhalb der Hotels gibt es so gut wie kein Amusement oder Unterhaltung.

Im Inland sind es die **Montagne Bambous** mit dem 626 m hohen Bambou und dem 480 m hohen Lion Mountain im Naturreservat **Domaine du Chasseur**, die Naturfreunde begeistern – ein Dorado für Spaziergänger. Folgt man den Wegen, gelangt man immer wieder zu grandiosen Aussichtspunkten.

Im Südosten – in **Anse Jonchée** bei **Vieux Grand Port** – wartet ein weiteres Natur-Highlight: die **Domaine de l'Ylang Ylang**. Hier kann man durch die Plantagen wandern und die Destillerie besichtigen, in der aus den Ylang-Ylang-Pflanzen das gleichnamige ätherische Öl gewonnen wird.

Die einzige größere Ortschaft im Osten ist **Mahébourg**, eine pittoreske kleine Stadt mit interessanten Märkten und Menschen; die einstige Hauptstadt der Insel liegt nahe dem heutigen Flughafen Plaisance.

Anse Jonchée S. 121, D 10

Der Ort selbst lohnt kaum einen Stopp; außerhalb gibt es dafür zwei reizvolle Ziele zu entdecken.

Sehenswertes

Domaine de l'Ylang Ylang

Weit weg von jeglichem Stadtleben gedeiht hier die Ylang-Ylang-Pflanze, aus der ätherisches Öl hergestellt wird. Die Destillerie kann besichtigt, Öle und andere Souvenirs können an Ort und Stelle gekauft werden.

Vieux Grand Port; Tel. 6 34 56 68, Fax 6 34 52 30; Mo–So 9.30–17 Uhr
4 km von Anse Jonchée

Domaine du Chasseur

Ein herrliches Naturreservat, bestens geeignet zum Wandern und um die Natur zu genießen. Mit etwas Glück sehen Sie während einer geführten Wanderung durch dichten Wald und unter Wasserfällen entlang Affen, Wildschweine, Java-Hirsche oder sogar den ganz seltenen Kestrel-Falken. Anschließend können Sie im Restaurant, das zur Domaine gehört, eines der schmackhaften Wildgerichte genießen. Das Beste an dem Lokal ist allerdings seine Lage. Wer will, kann in der Domaine du Chasseur auch übernachten (Tel. 6 31 92 31 ●●).

www.dchasseur.com
2 km nordwestlich von Anse Jonchée

Auf der winzigen Insel Ile aux Goyaviers erbaut: der Hindutempel Kashinat Mandir, wegen seiner Lage am Wasser auch »Floating Temple« genannt.

Belle Mare

→ S. 117, F 4

Bevor die Holländer an die raue Ostküste von Mauritius kamen, war das gesamte Gebiet von Flacq von einem dichten Ebenholz-Wald überzogen. 1 Doch nach und nach begannen die Siedler, die edlen Bäume zu fällen, um ihre Schiffe bauen zu können. Die Franzosen holzten nach den Holländern weiter ab – bis nicht mehr ein einziger Baum stand. Heute befinden sich rund um Belle Mare und im Hinterland des schönsten Strandes der Insel nur noch landwirtschaftliche Flächen: Zuckerrohr, so weit das Auge reicht. Außerdem ist Flacq eines der wichtigsten Gebiete der Kalkgewinnung.

Die Ostseite ist rauer als der Westen, nur selten findet man ein windstilles Plätzchen. Vor allem in den Monaten Juli und August fegt ein strammer südöstlicher Wind über den langen Strand und den kleinen Ort Belle Mare, der 1792 nach dem Kapitän Jean François de Belle Mare benannt wurde.

An diesem wunderschönen Fleckchen Erde treffen sich nicht nur Touristen. Auch die »oberen Zehntausend« von Mauritius kommen gern nach Belle Mare, um sich hier ein Wochenende voller Luxus zu gönnen. Und dazu gehören natürlich Massagen und Schönheitsbehandlungen genauso wie ein Tennismatch oder Golfspiel.

Zu den Top-Adressen zählt vor allem das Le Saint-Géran Sun Hotel. Die Einkaufsmöglichkeiten im gesamten Nordosten sind freilich nicht die besten. Wer bummeln möchte, sollte sich einen Wagen mieten und entweder nach Mahébourg fahren oder sich nach Port Louis aufmachen. Das Nötigste erhalten Sie im Ortskern von Centre de Flacq.

Hotels/andere Unterkünfte

Le Saint-Géran Golf Club & Casino
Luxus im Kolonialstil direkt am Strand.
Poste de Flacq; Tel. 4 15 18 25, Fax 4 15 19 83; 175 Zimmer ●●●● CREDIT

Belle Mare Plage → S. 117, F 4
Schöne Anlage mit allen Wassersportmöglichkeiten sowie Golf und Tennis.
Tel. 4 15 15 18, Fax 4 15 19 93; 178 Zimmer ●●● AmEx MASTER VISA

Coco Beach

Das relativ neue Hotel ist für Kinder der Hit, denn jeden Tag ist was los. Es liegt an einem wunderschönen Strand, bietet Wassersportmöglichkeiten und Animation.

Poste de Flacq; Tel. 4 15 10 90, Fax 4 15 10 92; www.sunresort.com; 240 Zimmer ●●● MASTER VISA

Le Touessrok

Eines der beliebtesten Häuser bei Hochzeitsreisenden. Von hier starten die Fähren auf die Ile aux Cerfs. Derzeit kostet eine Überfahrt rund 85 Rs.

Trou d' Eau Douce; Tel. 4 19 24 51/6, Fax 4 19 20 25; 200 Zimmer ●●● CREDIT

Ambre

Typisches Urlaubshotel mit vielen Annehmlichkeiten.

Belle Mare Plage; Tel. 4 15 15 44/45, Fax 4 15 15 94; 246 Zimmer ●● AmEx MASTER

MERIAN-Tipp

6 La Residence

Eines der neuesten Häuser auf Mauritius – und eines der teuersten. Das Traumhotel mit seinem atemberaubenden Luxus liegt an einem kilometerlangen weißen Sandstrand. Das Haus und der Service sind perfekt bis ins Detail – wobei leider bei allem Perfektionismus die ehrliche Herzlichkeit etwas auf der Strecke bleibt. Alte Fotos in der Halle zeigen, wie es auf Mauritius einmal ausgesehen hat. Auch wenn Sie nicht hier wohnen wollen (oder können): Die Anlage ist sehenswert. Und ein Cappuccino am Pool – ein Genuss!

Coastel Road, Belle Mare; Tel. 4 01 88 88, Fax 4 15 58 88; www.theresidence.com; 171 Zimmer und Suiten ●●●● CREDIT → S. 117, F 4

SEHENSWERTES

Kashinath Mandir

Der indische Tempel bei Poste de Flacq wurde auf einer winzigen Insel, der Ile aux Goyaviers, erbaut. Bei Ebbe kann man über einen schmalen, aufgeschütteten Weg zum **Floating Temple**, wie er auch genannt wird, gelangen.

ESSEN UND TRINKEN

Chez Manuel

Gute chinesische Küche und hervorragendes Seafood, leider weitab im Inselinneren gelegen.

St-Julien d'Hotman, 20 km westlich von Belle Mare; Tel. 4 18 35 99; tgl. mittags und abends, So geschl. ●● AmEx MASTER VISA

Eingebettet in einen tropischen Garten: das Luxushotel La Residence in Belle Mare.

Chez Tino
Unverfälschte kreolische Küche.
Trou d'Eau Douce; Tel. 4 19 27 69; tgl. ab 18 Uhr ●● ▭

Symon's Restaurant
Chinesische und kreolische Küche in einer schönen Atmosphäre. Die Fische, die hier auf den Teller kommen, wurden alle morgens in der Lagune gefangen.
Royal Road; Tel. 4 15 11 35; tgl. 11–22 Uhr ● MASTER

Ile aux Cerfs

→ S. 121, E 9

Die wunderschöne Insel ist nur mit dem Boot vom Hotel Le Touessrok aus zu erreichen. Vor allem für Kinder ist sie ideal: Das Wasser ist sehr warm und wird kaum tief. Leider ist die Ile aux Cerfs auch sehr voll. Wassersportangebote sind vorhanden, ebenso zwei Restaurants.

Le Val Nature Park

→ S. 119, F 7

Viel Ruhe an Bächen und Teichen – ein faszinierendes Stück mauritianische Natur. Wer will, kann sich aus den Teichen seine Mahlzeit selber angeln; es gibt Aale und Karpfen. Außerdem leben in diesem Park auch die berühmten Riesenschildkröten. Leider ist der Park nicht immer besonders gut gepflegt, und es finden sich hier und da Müllreste.
Eintritt 50 Rs.
Im Restaurant wird nur mit eigenen Produkten gekocht (Tel. 6 31 90 51; tgl. 10.30–17 Uhr, So Buffet ●●●).

Mahébourg

→ S. 120, C 11

Das kleine Fischerdorf fasziniert durch seine alten, oft schon windschiefen Häuser und den bunten Markt. Und

Urlaubsspaß an der Bootsbar. Die beliebte Badeinsel Ile aux Cerfs liegt nur ein paar hundert Meter vor der Ostküste von Mauritius.

In einem schönen Kolonialhaus in Mahébourg ist das Musée Nautique untergebracht, dessen Schätze nicht nur für »Seebären« interessant und sehenswert sind.

durch seine Geschichte: Mahébourg entstand im frühen 19. Jh.; aber erst die Briten sorgten – nach einer erbitterten Seeschlacht mit den Franzosen – dafür, dass Mahébourg an Bedeutung gewann: Sie bauten eine Bahnverbindung von Mahébourg nach Port Louis.

Hotels/andere Unterkünfte

Shandrani

Empfehlenswerte Adresse auf einer kleinen Halbinsel im Südosten. Mit 9-Loch-Golfplatz.

Blue Bay; Tel. 6 37 43 01, Fax 4 19 26 04; 181 Zimmer ●●● AmEx MASTER VISA

Museen

Musée Nautique

Viel Liebe haben die Mauritianer investiert, als sie das alte Kolonialhaus

10 in Mahébourg originalgetreu restaurierten. Außer der alten Kanone vor dem Haus gibt es alte Seekarten, Schlachtordnungen und Schiffsbüsten. Außerdem: Möbel aus der Kolonialzeit und Informationen zur Geschichte der Blauen Mauritius.

Am Ortsausgang an der Royal Road; tgl. 9–16 Uhr, Di und Fr geschl.; Eintritt frei

Service

Apotheke

Royal Road; Tel. 6 31 96 21; Mo–Sa 9–18, So 12–16 Uhr

Banken

Die meisten Geldinstitute finden Sie entlang der Royal Road, der Hauptstraße von Mahébourg (Richtung Flughafen).

Busverbindungen

Vom Marktplatz aus fahren regelmäßig Busse in Richtung Curepipe, Port Louis, Quatre Bornes (Umsteigen in Curepipe), Grand Baie (Umsteigen in Port Louis) und Blue Bay. Darüber hinaus verkehren die sehr viel schnelleren Expressbusse in Richtung Flughafen, und ebenfalls nach Curepipe und Port Louis.

Mietwagen

Notre-Dame Car Hire

Royal Road (nahe der Kirche); Tel. 6 31 96 09

Post

Royal Road/Ecke Rue Marianne; Mo–Fr 8.15–11.15 und 12–16, Sa 8.15–11.15 Uhr

Hochzeit unter Palmen

Das »Jawort« einmal anders: am Strand, im Boot oder sogar unter Wasser!

Blau statt Grau, Strand statt Amtszimmer – der wichtigste Tag im Leben, die Hochzeit, einmal anders gefeiert. Sonniger Strand, Palmen und warmer Sand unter den Füßen – ein perfektes Ambiente, um sich einander das Jawort zu geben. Viele Paare möchten den wichtigsten Tag in ihrem Leben ganz besonders schön gestalten. Das ist auf der Insel Mauritius nicht nur relativ einfach, sondern auch besonders schön. Das Angebot, das zahlreiche Hotels ihren heiratswilligen Besuchern machen, ist darüber hinaus auch noch ausgesprochen vielseitig und attraktiv. Der Vorschlag, am Strand unter Palmen und mit tropischem Blumenschmuck zu heiraten, ist nur einer unter vielen. Wie wäre es denn zum Beispiel mit einer Hochzeit unter Wasser? Einen Tauchschein muss man dafür nicht besitzen und auf das weiße Kleid auch nicht verzichten. Denn: Das Jawort gibt sich das Paar in einem U-Boot mit Blick auf bunte und neugierige Fische.

Wer sich über Wasser wohler fühlt, kann auch eine Hochzeit auf einem Katamaran auf dem türkisfarbenen Indischen Ozean buchen. Während einer ganz privaten zweieinhalbstündigen Segeltour in einer der blauen Lagunen von Mauritius steckt man sich mit romantischer musikalischer Untermalung die Ringe an, denn der Standesbeamte segelt mit.

Oder wie wäre es mit einer Trauung im alten Kolonialstil? Im Landesinneren der Insel, in der Domaine Les Pailles, heiratet man im Garten mit musikalischer Begleitung und im Angesicht einer alten Zuckermühle. Anschließend wird man in einer festlich

Auf Rosen gebettet: Wer seine Flitterwochen auf Mauritius verbringen will, den erwartet eine Hochzeitssuite, wie man sie sich immer erträumt hat.

geschmückten historischen Kutsche zum Hochzeitsessen gefahren.

Möglich ist beispielsweise auch eine Zeremonie im indischen Stil in einem hinduistischen Tempel. Natürlich trägt das Brautpaar Landestracht und Schmuck. Gebete werden zu Ehren indischer Götter gesprochen. Statt der obligatorischen Ringe tauscht das Brautpaar Blumenketten, um seine Liebe zu bekunden.

Auch wenn es bereits einige Reiseveranstalter gibt, die sich auf die Thematik »Hochzeit auf Mauritius« spezialisiert haben, gibt es einige Formalitäten, die Hochzeitspaare in Deutschland vorab erledigen müssen. Eine standesamtliche Trauung auf Mauritius ist für Besucher aller Konfessionen möglich. Menschen mit katholischem Glauben können auch kirchlich auf der Insel heiraten. Für eine standesamtliche Trauung müssen beide Partner einige Unterlagen vorlegen: eine Bescheinigung darüber, dass man kein mauritianischer Staatsbürger ist oder auf Mauritius lebt. Darüber hinaus muss man vor dem Chief Registrar – ein leitender Urkunden-Beamter – eine eidesstattliche Versicherung abgeben. Dazu ist eine Bescheinigung vom Hauptstandesamt in Mauritius erforderlich.

Registrar of Civil Status
7th Level Emmanuel Anqueti Building, Port Louis

Wichtig ist, dass diese Bescheinigung 15 Tage vor der geplanten Hochzeit wieder dem Standesamt vorliegen muss. Darüber hinaus werden vom Standesamt auf Mauritius zwei Fotokopien der jeweiligen Geburtsurkunden und ebenfalls zwei Kopien der ersten drei Seiten der jeweiligen Pässe benötigt.

Für die Trauung benötigt das Brautpaar zwei Zeugen. Ein Dolmetscher ist nur vonnöten, wenn weder das Brautpaar noch die Zeugen Englisch oder Französisch sprechen. Und damit die Trauung auch in Deutschland anerkannt wird, besorgt sich das Brautpaar zu seiner Heiratsurkunde anschließend eine beglaubigte Nachschrift (Apostille). Sie wird vom Permanent Secretary of the Prime Minister in Port Louis ausgestellt.

Persönliche Hilfestellung und Buchungen übernimmt das Lufthansa City-Center, Reisebüro Hanstedt, Bei der Kirche 32, 21271 Hanstedt; Tel. 0 41 84/83 83; E-Mail: reisebüro-hanstedt@t-online.de

Weitere Infos zum Thema unter:

- www.dertour.de
- www.weddix.de

Der Süden

Raue Berge, grüne Urwälder, rauschende Wasserfälle – erstaunliche Natur im Süden.

Der Aussichtspunkt Le Gris Gris – das östliche Ende der Uferpromenade von Souillac – bietet eine fantastische Aussicht auf den aufgewühlten Ozean. Sein Name ist die kreolische Bezeichnung für Zauber und Magie.

Der Süden hat nur wenige Badestrände im klassischen Sinne zu bieten. An einigen Küstenabschnitten ist das Baden sogar lebensgefährlich. So finden Sie auch kaum Hotels, kaum Infrastruktur, kaum größere Ortschaften. Aber die Szenerie ist einfach atemberaubend: schwarze Basaltsteine im Kontrast zum grünen Zuckerrohr, Wellen rollen mit Macht an die raue Küste ...

Im Süden von Mauritius finden Sie eine spektakuläre Natur voller Kontraste. Zum Beispiel die romantische Bucht **Blue Bay**, den Ort **Le Souffleur**, an dessen Küste ein Loch im Basaltgestein das Wasser wie eine Fontäne hochschießen lässt – und dann die wilde, fast schottisch anmutende Küste bei **Le Gris Gris** mit dem **La Roche qui Pleure**, dem Felsen, der weint: Er wurde so genannt aufgrund der »seufzenden« Geräusche, die entstehen, wenn sich hier die Brandung an den Basaltfelsen bricht.

Im Landesinneren dann **Senneville** mit dem **La Vanille Crocodile Park**. Hier werden Nilkrokodile gezüchtet. Allerdings auch verarbeitet. Und zwar zu Taschen und Gürtel und dergleichen ... Am Leben dagegen bleiben Affen, Schildkröten und Wildschweine, die ebenfalls in dem Park zu Hause sind. Die Fütterung der Krokodile findet um 11.30 Uhr statt.

Wunderschön anzusehen sind die **Rochester Falls** nördlich von **Souillac**, die 10 m über Basaltgestein in die Tiefe stürzen. Und nicht zuletzt sind es die kleinen Fischerorte wie **Baie du Cap**, in denen Sie nichts weiter finden als ein paar Geschäfte, eine Post und vielleicht noch eine Schule, die den Süden so anziehend machen – zumindest für Entdeckernaturen. Und wenn sich genau diese ein bisschen Zeit nehmen, können sie hier auch noch vieles entdecken, was es sonst auf der Insel nicht mehr gibt: zum Beispiel viele Tierarten. Da wäre die rosafarbene Taube und der Mauritius-Falke.

In den Süden haben sich auch jene Tiere zurückgezogen, die einst von Seefahrern ausgesetzt wurden: die Java-Hirsche und Schweine, die inzwischen im wahrsten Sinne zu Wild-Schweinen wurden.

Le Gris Gris/La Roche qui Pleure

⇢ S. 119, E 8

Stellen Sie sich einfach hin, lassen Sie sich kräftig durchpusten und atmen Sie die traumhafte Seeluft. Bei Le Gris Gris könnte man meinen, man sei an die Küste Schottlands geraten, wenn man am Ufer steht und zusieht, wie das Meer an die Küste rollt. Und manchmal, wenn die See hoch genug ist, gibt der Roche qui Pleure, der »Felsen, der weint«, seltsame, tatsächlich fast jammernde Geräusche von sich.

Rivière des Anguilles

⇢ S. 119, E 8

Der kleine Ort wurde nach dem gleichnamigen Fluss westlich von Rivière des Anguilles benannt. Man erreicht ihn über die Brücke, die den Blick in eine karge Schlucht freigibt. Vor allem am Wochenende kommen viele Mauritianer hierher, um auf dem kleinen Markt frisches Obst und Gemüse einzukaufen. Ein Leben noch fast ohne Touristen ...

Rochester Falls

⇢ S. 119, E 8

Etwa 4 km von Souillac entfernt liegen die 10 m hohen Wasserfälle des Flusses Savanne. Die schöne Naturszenerie zieht nicht nur Urlauber an. Vor allem junge Mauritianer nutzen den Sprungturm der Natur, um sich in die Fluten zu stürzen.

Souillac

S. 119, E 8

Der französische François Vicomte de Souillac, Gouverneur auf Mauritius von 1779 bis 1787, hinterließ diesem traditionellen Fischerdorf seinen Namen. François Vicomte de Souillac sorgte dafür, dass der im Hinterland angebaute Zucker, der Indigo, zahlreiche Gewürze und das Holz zum Weiterverkauf nach Mahébourg und Port Louis geschafft wurden. Das heute verträumte Städtchen Souillac ist für die Mauritianer auch einer der beliebtesten Picknickorte; vor allem unter den Mandelbäumen der Telfair Gardens sitzt man sehr romantisch.

Heute ist Souillac ein verträumter Ort, fast schon eine kleine Stadt. Schön ist vor allem die kleine Strandpromenade. Vom Park am Rande des Ufers kann man über das schöne Hügelland und die Montagnes Savannes blicken. Übrigens: In Souillac lebte und starb (im Jahre 1954) der bekannteste englischsprachige Dichter von Mauritius: Sir Robert Edward Hart. Er lebte in einem Haus, das ganz aus Korallenstein erbaut wurde. Hart wurde als katholischer Sohn eines Iren und einer franko-mauritianischen Mutter geboren. Je älter er wurde, desto mehr beschäftigte er sich mit dem hinduistischen Glauben und fühlte sich von der indischen Spiritualität deutlich mehr inspiriert als vom Katholizimus. Er arbeitete als Angestellter in der Bücherei des Mauritius Institute. Diese nicht allzu zeitraubende Beschäftigung ließ ihm viel Zeit für sein literarisches Interesse. Er begann Gedichte zu schreiben, einige in englischer, den Großteil jedoch in französischer Sprache. Sie zeichnen ein wunderschönes Bild der Landschaft der Südküste und sind eine Hommage an die Vielfalt der Kulturen von Mauritius. Geliebt wurden seine Gedichte aber nicht nur von den Mauritianern. Sowohl in Frankreich als auch in England verehrte man Hart für seine Poesie, die ihm hohe Auszeichnungen einbrachte.

Hotels/andere Unterkünfte

Villas Pointe aux Roches
Einfache Bungalowanlage, in der das Preis-Leistungs-Verhältnis leider nicht hundertprozentig stimmt.

Grün, so weit das Auge reicht – knapp die Hälfte der Insel ist mit Zuckerrohr bepflanzt.

Chemin Grenier; Tel. 6 25 51 12, Fax 6 26 25 07; 26 Bungalows ●● MASTER

Museum

Robert Edward Hart Museum

Robert Edward Hart aus Port Louis war einer der wichtigsten Literaten von Mauritius. Er arbeitete zunächst als Journalist und Bibliothekar, bis er begann, Gedichte und Romane zu schreiben, für die er später von der Académie Française ausgezeichnet wurde. Sein erstes Werk veröffentlichte er im Jahre 1912.

In der Maison de Corail können Sie einen Einblick in das Leben des mauritianischen Poeten erhalten: Das einfache Haus aus Korallen und Vulkangeröll bauten ihm einst Gönner. Er starb dort im Jahre 1954 im Alter von 63 Jahren. Seit 1967 beherbergt es ein Museum.

Do–Mo 9–16 Uhr; Eintritt frei

Essen und Trinken

Le Batelage

Hier stimmt wirklich alles: die Atmosphäre auf der idyllischen Terrasse, die Küche mit chinesischen und kreolischen Gerichten und das Preis-Leistungs-Verhältnis.

Tel. 6 25 60 83; tgl. mittags und abends bis 23 Uhr ●●

Service

Bus

Im Zentrum von Souillac starten Busse in Richtung Curepipe, Mahébourg, Baie du Cap und Port Louis.

La Vanille Crocodile Park

→ S. 119, E 8

1984 eröffnete Owen Griffiths, ein australischer Zoologe, diesen Park im Süden von Mauritius. Mit einem männlichen und vier weiblichen Nilkrokodilen begann er seine Zucht. Nach kurzer Zeit bevölkerten Krokodile jeden Alters das Gelände. Da sich die Krokodile im Park ausgesprochen heimisch fühlen, vermehren sie sich auch dementsprechend gut.

Und damit die Reptilien nicht überhand nehmen, wird die Population ausgedünnt – und zu Taschen und dergleichen verarbeitet. Ob diese Tatsache nun gefällt oder nicht: Wer sich schon immer Accessoires aus Krokoleder gewünscht hat, kann hier wenigstens sicher sein, dass die Tiere nicht aus freier Wildbahn stammen.

Im 1984 eröffneten La Vanille Crocodile Park fühlen sich nicht nur Krokodile heimisch. Auch andere Tiere wie Affen, Schildkröten oder Wildschweine bevölkern den beliebten Zoo im Süden der Insel.

Heute bewohnen den Park noch viele andere typische Tiere der Maskarenen: Affen, Schildkröten, Hasen oder auch Wildschweine – der Park wurde zum Zoo. Außerdem kann man einen Ausstellungsraum mit den typischen Reptilien der Maskarenen besichtigen. Übrigens: Um 11.30 Uhr kann man bei der Fütterung der Krokodile zusehen!

Tel. 6 26 25 03, Fax 6 26 58 02; tgl. 9.30–17 Uhr; Eintritt Erw. 110 Rs, Kinder 50 Rs

Der Westen

Nationalparks, Naturwunder und weiße Strände: Der Inselwesten verspricht Abwechslung.

Aus rund 90 Metern Höhe stürzt der Wasserfall Cascade Chamarel in ein üppig grünes Bassin herab, in dem man auch ein erfrischendes Bad nehmen kann.

Der offizielle Beginn der Westküste ist **Le Morne,** die kleine Halbinsel ganz im Süden von Mauritius. 45 km sind es von hier bis nach Port Louis – eigentlich nicht viel, aber es bedeutet doch eine recht lange Fahrt. Allerdings eine wunderschöne und lohnenswerte Fahrt entlang der Küstenstraße B 9; in Salinen wird hier entlang des Meeresufers Salz gewonnen.

Le Morne mit dem 556 m hohen Berg **Le Morne Brabant** ist übrigens auch der westlichste Punkt der Insel. Hier finden Sie wenige Hotels, schöne seichte Strände – und außerdem ist der Ort ein idealer Ausgangspunkt für viele schöne Ausflüge in die Natur.

So zum Beispiel in das Inselinnere mit dem aufregenden Nationalpark: Er erlaubt Ihnen spektakuläre Blicke in die Flusstäler der **Gorges de la Rivière Noire**, die Sie – wenn Sie Glück haben – mit neugierigen Affen teilen können. Aber Achtung: Die Tiere lieben es, an Ihren mitgebrachten Lunch-Paketen zu partizipieren – und dabei fehlt es ihnen doch etwas an Benimm. Die Affen werden häufig dreist, wenn nicht sogar aggressiv.

Der Nationalpark, übrigens der Erste auf Mauritius, bedeckt 3,5 Prozent der Insel. Auf dem über 65 qkm großen Gelände finden Sie noch Teile des Urwaldes und zahlreiche typische Tierarten wie die Pink Pigeon, die rosa Taube. Eine wunderschöne Gegend für Spaziergänge, Wander- und Mountainbiketouren oder für ein ruhiges Picknick.

MERIAN-Tipp

7 Paul und Virginie

Überall begegnet man ihm auf Mauritius – dem tragischen Liebespaar Paul und Virginie. Jedes Kind kennt seine Geschichte, Restaurants und Bars werden nach den beiden Unglücklichen benannt. Die Geschichte von Paul und Virginie ist aber nicht nur eine Liebesgeschichte, die auf Mauritius spielt. Sie war zu ihrer Zeit – der Roman von Henri Bernardin de Saint Pierre erschien 1788 in Frankreich – auch eine Anklage an die Sklaverei und die Klassengesellschaft. Dem Autor brachte sein Roman viel Ruhm und die Anerkennung des Kreises der großen französischen Schriftsteller wie beispielsweise Jean-Jacques Rousseau. Der Insel brachte er wunderschöne Denkmäler, wie das in Curepipe (und ein weiteres in Port Louis), und klangvolle Ortsnamen wie Cap Malhereux, das »Unglückskap«, weil Virginie hier in der Geschichte bei einem Schiffsuntergang ums Leben kam. In der Baie Tombeau, der »Grabesbucht«, soll ihr Körper an Land gespült worden sein.

→ S. 73, c 2

Ein weiterer Ausflug geht nach **Chamarel** mit dem **Chamarel Waterfall** und den **Terres des Couleurs**. Antoine de Chamarel brachte im 18. Jh. Kaffee, Pfeffer und Vanille nach Mauritius. Kaffee wird in dieser Gegend übrigens auch heute noch angebaut.

Die Terres des Couleurs wurden in den Sechzigerjahren zu einer Touristenattraktion. Das vegetationslose Stück Erde schimmert besonders bei Sonnenuntergang in verschiedenen Farbtönen. Genau weiß es auch die Wissenschaft noch nicht, aber die Farben werden wohl durch unterschiedliche Beimischungen von oxidierten Metallen in der Erde hervorgerufen. Sie können es mit den vielen anderen Urlaubern erleben, die versuchen, das Phänomen auf Zelluloid zu bannen. Auch der 90 m hohe Wasserfall von Chamarel ist nicht weit von der Coloured Earth entfernt.

Wer zwischendurch Sehnsucht nach Trubel hat, fährt nach Curepipe, eine Stadt mit etwa 60 000 Einwohnern. Sie ist mit 550 m die höchstgelegene Stadt der Insel, was sie vor allem in klimatischer Hinsicht angenehm macht.

Für das Naturphänomen der »farbigen Erde« (Terres des Couleurs) gibt es bislang keine wissenschaftliche Erklärung.

Es ist immer etwas kühler hier, eine leichte Brise weht; allerdings fällt auch der meiste Regen. So behaupten die Mauritianer in Curepipe, sie hätten zwei Jahreszeiten: die »Regenzeit« und die »Zeit des Regens«.

Der amerikanische Schriftsteller Mark Twain beschrieb die Stadt einst als »den scheußlichsten Ort der Erde«. Auch wenn diese Beschreibung wirklich reichlich übertrieben ist, so muss man in dieser grau wirkenden Stadt tatsächlich ein wenig suchen, bis man ein angenehmes Fleckchen gefunden hat. Einer dieser Orte ist sicherlich der Botanische Garten oder der Vorort Floréal mit seinen schönen Kolonialhäusern.

Wer beschließt, im Westen der Insel seinen Urlaub zu verbringen, findet hier viele Hotels und jede Menge Nightlife wie beispielsweise in dem kleinen Ort **Flic en Flac**. Das Klima ist milder, der Wind ruhiger als im Osten; dazu locken herrliche Strände und Wassersportparadiese, die meisten Möglichkeiten, um sich als Hochseefischer zu üben – und nicht zuletzt eine wunderschöne Landschaft im Hinterland.

Chamarel

→ S. 118, C 7

Durch eine wunderschöne Landschaft führt eine kleine Straße von Grande Case Noyale zu den **Terres des Couleurs**, der »farbigen Erde« von Chamarel, und zu den gleichnamigen Wasserfällen. Dass dieses Fleckchen Erde tatsächlich in den verschiedensten Farbnuancen schimmert, sieht man leider nicht immer gleich gut. Am besten ist es, wenn die Sonne scheint. Wenn Sie auf den kleinen Hügel marschieren, stehen Sie manchmal auf einem roten, manchmal auf einem eher gelben oder grauen Untergrund. Um die Farbenpracht in ihrer ganzen Schönheit zu überblicken, müsste man eigentlich auf einem 10-Meter-Turm stehen. Das dazugehörige Restaurant liegt wunderschön, die Qualität der Küche ist leider mäßig.

Essen und Trinken

Le Chamarel

Auf 400 m Höhe serviert man kreolische und europäische Küche mit einem wundervollen Blick in die Berge.

2 km, bevor man zur Coloured Earth gelangt, rechts abbiegen; Tel. 6 83 64 21; abends und Mo geschl. ●●

Curepipe

S. 119, E 6

60 000 Einwohner
Stadtplan → S. 73

Wie der seltsame Name Curepipe entstand, ist bis heute nicht ganz klar. Manche behaupten, er käme aus der Zeit, als die Menschen auf dem langen Wege vom Südosten in den Nordwesten hier in den Bergen Halt machten, um zu rasten und eine Pfeife zu rauchen. Andere wieder meinen, dass der erste Landeigentümer im 18. Jh. der Stadt ihren Namen gab.

Sie hat einen etwas morbiden Charme, der zudem aus reichlich Beton besteht. Schaut man aber richtig hin, entdeckt man durchaus liebenswerte Flecken. Und außerdem ist hier die Luft ein bisschen klarer, hin und wieder kommt eine Brise, die einem die Luftfeuchtigkeit nicht so hoch erscheinen lässt. Immerhin ist Curepipe die höchstgelegene Stadt in den »Highlands« von Mauritius.

Einen Besuch wert und gut geeignet für Spaziergänge ist der 2 ha große **Botanische Garten**, in dem verschiedene Palmenarten gedeihen, darunter eine (Hyophorbe amaricaulis), die es nur auf Mauritius gibt und erst beim Anlegen des Gartens entdeckt wurde. Traditionsreich ist das Bauen der Modellschiffe. Die erste Fabrikation startete man in La Serenissima (an der B 70, Rue Gustave Colin). Heute arbeiten hier Spezialisten, die vielleicht die schönsten, allerdings auch die teuersten Schiffe der Insel produzieren.

Gute Einkaufsmöglichkeiten gibt es im Zentrum von Curepipe. Unter den **Salafaa-Arkaden** in der Route

Royale kann man sogar geschützt vor dem Regen bummeln. Geradezu kaufrauschverdächtig ist der hervorragend sortierte Markt, der immer mittwochs und samstags stattfindet und neben Lebensmitteln, Obst, Gemüse und Blumen auch Kunsthandwerk feilbietet.

Hotels/andere Unterkünfte

Mandarin → S. 73, b 1
Das Haus mit seiner etwas heruntergekommenen Kolonialpracht liegt in Floréal, dem schönen Vorort von Curepipe. Selbst wenn Sie dort nicht wohnen wollen, sollten Sie sich dieses Haus einmal anschauen. Es ist ein bisschen wie ein Abtauchen in eine vergessene Welt.
Rue Georges Guibert; Tel. 6 96 22 88, Fax 6 86 68 58; 98 Zimmer ●● MASTER VISA

Hotel Continental → S. 73, c 2
Das Continental hat sich zum besten Hotel der Stadt gemausert. Netter unaufdringlicher Service und praktisch eingerichtete Zimmer. Für einen kurzen Stadtaufenthalt bestens geeignet.
Route Royale 256; Tel 6 75 34 34 oder 6 75 34 35; 80 Zimmer ● MASTER

Sehenswertes

Trou aux Cerfs → S. 73, a 2
Im Westen von Curepipe gelegen, ca. 2 km vom Zentrum der Stadt entfernt, empfiehlt sich ein Besuch des 100 m tiefen und 80 m breiten Vulkankraters. Ein Spaziergang entlang des Kraterrandes bietet spannende »Einsichten«.

Essen und Trinken

Golden Lion → S. 79, b 2
Der Küchenchef kommt aus Peking und zaubert köstliche chinesische Gerichte auf den Tisch.
Saint-Joseph; Tel. 6 74 42 65; tgl. mittags und abends ●● MASTER

La Nouvelle Potinière → S. 73, b 2
Kreolische und französische Küche. Gute Steaks.
Rue Sir Winston Churchill; Tel. 6 76 26 48; So und Fei geschl. ●● MASTER VISA

Einkaufen

Adamas → S. 73, nördl. b 1
Schmuck und Brillanten, teilweise etwas kitschig.
Floréal; Mo–Fr 9–16, Sa 9–13 Uhr, So geschl.

Für eines dieser handgefertigten Schiffsmodelle, wie sie in Curepipe angeboten werden, benötigt ein Arbeiter rund vier Monate.

MERIAN-Tipp

8 Modellschiffe aus Curepipe

Curepipe ist in den letzten Jahren eine Art Zentrum der Modellschiffbauer geworden. Teilweise sitzen die Handwerker auf den Straßen und arbeiten. Sie sollten aber nie sofort zugreifen, sondern erst einmal vergleichen; Qualität und Preise sind sehr unterschiedlich. Eine der ältesten Fabrikationen, **Comajora**, liegt 3 km außerhalb des Zentrums von Curepipe. Bei den Schiffen, die hier angeboten werden, stimmen Preis und Qualität; es geht absolut seriös zu. Sie können die Fabrikation auch besichtigen.

Route de la Brasserie; Tel. 6 75 53 45 S. 73, c 3

Corinne S. 73, c 2
Illustrationen mit Inselmotiven.
Route Royale

Librairie Allot S. 73, b 2
Schöne Bücher über die Insel und den Indischen Ozean. Auch Karten.
Unter den Arkaden; Mo–Sa 9–18 Uhr

La Librairie du Trèfle S. 73, b 2
Bücher und Zeitschriften.
Unter den Arkaden; Mo–Sa 9–18 Uhr

Magasin Floréal S. 73, a 1
Pullover, Polohemden und andere schöne Basics für Sie und Ihn.
Floréal Road; Mo–Fr 9.30–17, Sa 9.30–13 Uhr, So geschl.

La Pirogue S. 73, c 3
Die Modellschiffe, die hier verkauft werden, sind nicht die allerschönsten der Insel. Aber die Auswahl ist groß, und die Preise sind angenehm.
Route de la Brasserie

Shibani Knitting S. 73, nördl. b 1
Stricksachen wie Pullover, Jacken usw. Immer verschiedene Produktionen.
Floréal; Mo–Fr 9–17, Sa 9–14.30 Uhr, So geschl.

Flic en Flac S. 118, C 5

Wenn Sie die Straße A 3 entlang Richtung Süden durch die Zuckerrohrfelder fahren, weist Ihnen ein Hinweisschild den Weg zum Ort Flic en Flac. Die Holländer gaben dem ehemaligen Fischerdorf mit den hübschen, malerischen Holzhäusern seinen Namen. Aus dem verträumten Ort wird derzeit mehr und mehr eine Touristenattraktion. Und das aufgrund des sehr schönen weißen und langen Strandes.

Flic en Flac ist auch ein bevorzugtes Ziel von Tauchern.

Die endlos lange Bucht von Flic en Flac ist bei Wassersportlern sehr gefragt.

HOTELS/ANDERE UNTERKÜNFTE

Sofitel Imperial
Ein Hotel der Spitzenklasse mit allem, was das Herz begehrt. Tauchzentrum und Wassersport.
Wolmar; Tel. 4 53 87 00, Fax 4 53 83 20; www.sofitel.com; 180 Zimmer ●●●● CREDIT

MERIAN-Tipp

9 Grand Bassin

Ein kleines Stück Indien auf Mauritius: Das Wasser dieses Sees ist für Hindus heilig – so heilig wie das des Ganges. Der Legende nach besuchte der Hindu-Gott Shiva einmal die Insel. Sozusagen im Gepäck hatte er den Ganges, um Indien vor Überschwemmungen zu bewahren. Bei der etwas ruppigen Landung seines aus Blumen gefertigten Luftschiffes schwappten einige Tropfen Ganges über und flossen in einem erloschenen Vulkan zusammen. Oberhalb des Sees blitzt das goldene Dach eines Tempels.

→ S. 119, D 7

The Sands Hotel
Ganz neues Hotel am südlichen Ende der Bucht. Wassersport, Tennis und schöner Strand.
Tel. 4 03 12 00; E-Mail: resa@thesands.info; 100 Zimmer ●● MASTER

The Little Acorn
Gerade frisch renoviert, dennoch nicht ganz perfekt. Aber preiswert.
Royal Road; Tel. 4 53 84 31, Fax 4 25 09 80; 12 Zimmer ● DINERS MASTER VISA

The Nilaya
Kleines Apartmenthotel mit Charme und unter netter Führung. Fünf Gehminuten vom Strand entfernt.
Tel. und Fax 4 53 90 37, E-Mail: kitgraas@intnet.mu; 4 Studios ● MASTER VISA

Sehenswertes

Casela Bird Park
5 km außerhalb von Flic en Flac liegt der rund 8 ha große Park. In 87 Volièren leben 2000 verschiedene Vögel, darunter auch die rosafarbene Taube. Zu sehen gibt es außerdem Affen, ein paar Lemuren und Landschildkröten.
Tel. 4 52 06 93/4, Fax 2 12 25 85; April–Sept. tgl. 9–17 Uhr, Okt.–März tgl. 9–18 Uhr

Museum

Shellorama
Das Museum zeigt eine faszinierende Muschelsammlung aus dem Indischen Ozean. Die meisten stammen von Mauritius. Sie sind alle liebevoll sortiert und mit ihren lateinischen Namen versehen. Außerdem zu sehen: eine ausgestopfte Seeschildkröte, ein Hai, Kugelfische und Riesenlangusten.
An der Ausfahrt Tamarin Richtung Rivière Noire, auf der linken Seite; Mo–Sa 9–17 Uhr; Eintritt frei

Essen und Trinken

La Bonne Chute
Hervorragende kreolische und französische Küche, serviert in schöner Umgebung. Empfehlenswert sind der Krabbengratin und das köstliche Tunfisch-Tatar.
Tamarin; auf der Straße nach Rivière Noire in Höhe der Caltex-Tankstelle nach rechts abbiegen; Tel. 6 83 65 52; So geschl. ●● DINERS MASTER VISA

Ocean Restaurant
Probieren Sie doch einmal die Krabbensuppe oder das Huhn in Ingwersauce! Das Preis-Leistungs-Verhältnis stimmt.
Royal Route; Tel. 4 53 85 49; tgl. mittags und abends ●● CREDIT

Chez Joe
Was eher klingt wie ein Restaurant mit einer Mischung aus französischer und englischer Küche entpuppt sich als ein Haus mit kreolischen und chinesischen Gerichten. Einfach, aber mit viel Atmosphäre.
Am Ortseingang links, wo die Straße nach Süden abbiegt; Tel. 4 53 83 53; tgl. ab 18 Uhr ●

Mer de Chine
In diesem Restaurant werden chinesische Küche und Meeresfrüchte zu angenehmen Preisen aufgetischt.
Am öffentlichen Strand; Tel. 4 53 82 08; tgl. ab 18 Uhr ● MASTER

Le Morne Brabant

S. 118, B 8

Im Schatten des 556 m hohen Berges, der sich in Privatbesitz befindet, haben sich einige sehr gepflegte Hotels und Ferienanlagen etabliert. Voraussetzung für Ferien am Le Morne Brabant ist allerdings der unbedingte Wunsch nach Ruhe.

Hotels/andere Unterkünfte

Berjaya Le Morne Resort
Wer bisher mit Wassersport (Segeln, Surfen, Wasserski, Tauchen) noch nichts zu tun hatte, aber einmal einen Versuch wagen möchte, ist hier bestens aufgehoben: Aufgrund der Lagune ist die See ruhig – ideal für Anfänger. Casino im Haus.
Tel. 4 50 58 00, Fax 4 50 56 70; 180 Zimmer ●●● AmEx MASTER VISA

Le Paradis
An der nördlichsten Spitze von Le Morne, direkt am Strand gelegen. Tennis, Golf, Wassersport.
Tel. 4 50 50 50, Fax 4 50 51 40; 320 Zimmer ●●● AmEx MASTER VISA

Plaine Champagne

S. 118, C 7

Von der höchsten Stelle des 744 m hohen Plateaus genießt man einen spektakulären Blick hinunter in die Schluchten des Rivière Noire. Verschiedene Grüntöne der Bäume in den dichten Wäldern, unendliche Weite. Wer diesen Ausblick auch noch während des Sonnenunterganges genießen kann, gerät unweigerlich ins Schwärmen.

Vorsicht: Die Affen, die sich hier gern zu den Touristen gesellen, sind reichlich dreist! Sie haben keinerlei Hemmungen, sich Ihnen zu nähern, Handtaschen zu stibitzen oder Rucksäcke auszuräumen! Sie sollten sie nicht zu dicht an sich heranlassen oder sie gar mit Bananen oder dergleichen füttern. Sie werden aggressiv, wenn die Köstlichkeiten zu Ende sind. Am besten ignorieren Sie sie. Dann werden auch Sie in Frieden gelassen. Im Restaurant Varangue sur Morne mitten in den Bergen wird kreolisch gekocht (Tel. 6 83 66 10; Mo–Sa 11–16 Uhr, So geschl.).

Der Casela Bird Park beherbergt neben 140 Vogelarten auch andere exotische Tiere.

Routen und Touren

Mauritius besitzt eine Fülle von Wasserfällen, darunter die sich aus einer Höhe von 250 Metern herabstürzenden Tamarind Falls im Südwesten der Insel. Abenteuerliche Klettertouren, bei denen man das erfrischende Nass passiert, erfordern allerdings ein wenig Mut und Übung.

Unvergessliche Eindrücke liefern Klettertouren zu den Wasserfällen im Süden, Fahrten durch die endlos scheinenden Zuckerrohrfelder oder der Besuch eines kreolischen Dorfes.

Von Rivière du Rempart nach Mahébourg – eine Fahrt entlang der Küste des Windes

Charakteristik: Einsamkeit, vielfältige Eindrücke und herrliche Ausblicke – eine abwechslungsreiche Tour, bei der jeder auf seine Kosten kommt, Naturliebhaber ebenso wie Besucher, die Trubel und Shopping mögen. Dazu kommen zahlreiche, herrliche Bademöglichkeiten entlang der Ostküste; **Länge:** 90 km; **Dauer:** Tagesausflug; **Einkehrmöglichkeiten:** Besonders zu empfehlen ist das Hotel La Residence in Belle Mare, ein im Kolonialstil erbautes 5-Sterne-Haus. In Mahébourg: Beachcomber Le Shandrani. Hotel und Restaurant direkt an der Blue Bay, gesäumt von schönen Stränden; **Auskunft:** in den Hotels oder bei Mauritius Tourist Promotion Authority (MPTA), 11th Floor, Air Mauritius Center, Tel. 2 08 63 97; **Karte:** → S. 117, 120, 121

Es ist eine herrliche Fahrt durch Natur und Geschichte von Mauritius, immer entlang der Ostküste. Die Tour beginnt in der modernen und geschäftigen Ortschaft **Rivière du Rempart** mit ihrem sehenswerten Markt. Sollte Ihnen beim Marktbummel das Geld ausgehen: In Rivière du Rempart gibt es auch eine Bank und ein Postamt. Von hier aus folgen Sie der B 15 entlang der Küste. Die Straße ist gesäumt von Kasuarinen, durch die Sie das Meer schimmern sehen können. Ein stiller Teil der Insel.

Poste de Flacq → Belle Mare Plage

Erst in **Poste de Flacq**, einem heute etwas »zerfransten« Touristenort, wird es wieder lebendiger. An der Kreuzung inmitten der Ortschaft fahren Sie nach Osten in Richtung des Hindu-Heiligtums **Kashinath Mandir**. Der »schwimmende Tempel« wurde auf einem kleinen Inselchen erbaut, der Ile aux Goyaviers, die kaum größer ist als der gesamte Tempel. Wer Lust auf einen kleinen Abstecher hat, nimmt von hier die B 23 und folgt den Schildern in Richtung Centre de Flacq,

Der strahlendweiße Hindutempel von Poste de Flacq wurde auf einer kleinen Insel erbaut.

wo es einen Markt, Geschäfte, Kirchen, Tempel und ein chinesisches Spielcasino gibt. Holländer nannten diesen Marktflecken damals »Vlaake«, was so viel heißt wie einfach nur Fläche. Sie bauten damals hier Zuckerrohr und Reis an und legten den wirtschaftlichen Grundstein für den heutigen Erfolg der Insel. Schon im Jahre 1829 stand hier die größte Zuckerraffinerie der Insel.

Ansonsten geht es weiter an der Küste entlang. Am schönsten Strand
1 der Insel, der **Belle Mare Plage**, halten Sie an und schwimmen eine Runde in dem türkisfarbenen Meer oder genießen einfach den weißen Puderstrand. Vielleicht trinken Sie einen Cappuccino auf der Terrasse des Hotels La Residence (→ MERIAN-Tipp, S. 61) mit Blick aufs Meer. Belle Mare Plage avancierte in den letzten Jahren zu einem der mondänsten Urlaubsorten. Erst in den Achtzigerjahren hatte man hier mit einigen Mittelklassehotels begonnen, die Besucher anzulocken. Heute stehen an dem ca. 15 km langen weißen Sandstrand etliche der besten Hotels der gesamten Insel.

Trou d'Eau Douce → Ile aux Cerfs

Fahren Sie weiter entlang der Küstenstraße B 59, bis Sie **Trou d'Eau Douce** erreichen, einen Fischerort mit ein wenig mediterranem Charme. Wenn Sie den Ort durchfahren haben, geht es nach links zum Hotel Le Touessrok. Hier haben Sie die Möglichkeit, zur wunderschönen, aber meist stark frequentierten Badeinsel **Ile aux Cerfs** überzusetzen. Eine halbe Stunde benötigt das Schiff, um die Passagiere zu der vorgelagerten Insel zu bringen. Sicherlich gibt es hier viele Urlauber, aber hier findet man auch den schönsten Sand, das blaueste Wasser und herrlich grüne Wiesen. Das Wassersportangebot kann jeder gegen Gebühr nutzen, die kleinen Restaurants bieten köstliche kreolische Küche (darunter exquisite Fischgerichte) an.

Ile aux Cerfs → Anse Jonchée

In Richtung Süden, nach Mahébourg, geht's weiter auf der bergigen B 28: spektakuläre Blicke, wunderschöne Wälder, grüne Zuckerrohrfelder und ein bisschen Einsamkeit. Sie sehen die Inseln **Ile aux Oiseaux**, die **Ilot Flamants**, die **Ile aux Fouquets** mit ihrem Leuchtturm und die **Ile de la Passe**. In **Anse Jonchée** können Sie den ersten Blick auf Mahébourg werfen. Falls vor der Dunkelheit noch Zeit ist, können Sie auch noch einen Ausflug in den 1000 ha großen Park **Domaine du Chasseur** dranhängen.

Vieux Grand Port → Mahébourg

In **Vieux Grand Port** erreichen Sie die älteste Ortschaft der Insel. 1598 landeten hier die Holländer, sie nannten die Bucht Warwyck Bay. Hier finden Sie auch die ältesten Gebäude. Im Hinterland liegt der 480 m hohe **Lion Mountain**. Nach wenigen Kilometern erreichen Sie **Mahébourg**, ein Städtchen mit netten Geschäften, einem schönen Markt und dem
Nautischen Museum in einem re- 10
novierten Kolonialhaus. Mahébourg hat sich viel vom Charme der alten Zeiten bewahrt. Manche geraten gar ins Schwärmen und sehen sich in die Kulisse von dramatischen Filmen aus der Kolonialzeit mit viel Liebe und Herzschmerz hineinmanövriert. Andere finden die Stimmung in Mahébourg eher eintönig und etwas antiquiert. Im Jahre 1804 wurde die Stadt von Gouverneur Decaen gegründet. Er wollte sie zum Zentrum, zur Hauptstadt der Insel, erheben. 1810 machten ihm dann allerdings die Engländer einen Strich durch die Rechnung. Sie wählten Port Louis zur Hauptstadt, und Mahébourg blieb – vielleicht ein wenig von der Moderne vergessen – ein kleiner, aber liebenswerter Ort.

Wenn Sie noch Zeit und Lust haben, schlendern Sie doch über den Markt und kaufen sich dort ein bisschen Kaffee oder Ananas von den Feldern des Südens.

Der Inselwesten – pulsierendes Großstadtleben, Bergluft und heiliges Wasser

Charakteristik: Rundfahrt durch den Westen der Insel. Anders als im Osten der Insel findet man hier bedingt durch die Hauptstadt mehr Trubel vor; **Länge:** 115 km; **Dauer:** Tagesausflug; **Einkehrmöglichkeiten:** überall in Port Louis und Curepipe. In Curepipe lohnt sich eine Pause im Au Gourmet. In dem Restaurant in einem renovierten Kolonialhaus serviert man kreolische und europäische Küche gehobener Qualität; Tel. 6 76 18 71; So geschl. (●●● MASTER VISA); **Auskunft:** in den Hotels oder Mauritius Tourist Promotion Authority (MPTA), 11th Floor, Air Mauritius Center, Tel. 2 08 63 97; im National Park: Le Pétrin Information Center; tgl. 9–16 Uhr; **Karte:** → S. 118, 119

Man kann ein bisschen Stadtleben schnuppern, aber auch gesunde Waldluft atmen und Einsamkeit erleben – diese Tour sorgt für Abwechslung. Starten Sie den Tagesausflug in **Port Louis** ganz früh oder aber nach 10 Uhr, um dem Berufsverkehr auszuweichen. Gleich hinter Port Louis, in Richtung Süden, kommen Sie an

2 der **Domaine Les Pailles** vorbei. Hier können Sie sich die Nachbildung einer Zuckermühle oder eine alte Rumbrennerei anschauen, vielleicht auch eine Fahrt durch die Berge unternehmen. Dieses Anwesen hat eine etwas erstaunliche Geschichte: Die Domaine Les Pailles entstand nämlich erst Anfang der Achtzigerjahre. Ein Zuckerbaron hat sich damit einen Traum erfüllt. Und den Besuchern der Insel gewährt es Einblicke in alte Zuckerdynastien. So ungefähr müssen die Luxus-Landsitze vor 250 Jahren ausgesehen haben.

Romeo und Julia auf mauritianisch: Die romantische Geschichte des tragischen Liebespaars Paul und Virginie bleibt durch mehrere Denkmäler, wie hier in Curepipe, lebendig.

Moka → Grand Bassin

Es geht weiter in Richtung Süden. In **Moka** können Sie einen Blick auf die Universität von Mauritius werfen. Im etwas außerhalb gelegenen, ehemaligen Gouverneurspalast führt heute der Staatspräsident seine politischen Geschäfte. Leider ist die Prachtvilla nur von außen zu besichtigen. Zugang haben Sie dafür zur **Villa Eureka**, in der heute ein Museum mit wertvollen Antiquitäten eingerichtet ist.

Immer weiter Richtung Süden kommen Sie nach **Curepipe**, einer eher grauen Stadt, die auf 550 m Höhe liegt. Eine leichte Brise und häufiger Regen machen die Temperaturen hier etwas moderater. Im Stadtkern sieht man ehemalige britische Häuser, im Vorort **Floréal** schöne Villen. Wer Lust hat, geht noch in die Markthallen, in den Botanischen Garten oder schaut sich das Denkmal für Paul und Virginie an (→ MERIAN-Tipp, S. 71). Gegenüber steht das Rathaus, ebenfalls ein Kolonialgebäude. Ein krönender Abschluss ist ein Besuch der Kirche Sainte-Thérèse d'Avila in der Route Royale.

In Richtung Süden, bald hinter Curepipe, beginnen die sattgrünen Teeplantagen. Westlich davon liegt der **Grand Bassin**, der Heilige See der Hindus. Sie können hier ein Stück indischen Alltags erleben: rituelle Reinigungszeremonien, Blumenopfer für den Gott Shiva.

Laut einer hinduistischen Legende reiste Shiva in einem blumengeschmückten Luftschiff, dem »Pushpak Veeman«, um die Erde, um seiner Frau die schönsten Teile der Welt zu zeigen. Als die beiden auf dem Rückweg über den Indischen Ozean flogen, entdeckten sie eine kleine Insel im leuchtendblauen Meer. Die Landung auf dem bewaldeten Eiland gestaltete sich schwierig, und aus seinem Gefäß mit dem heiligen Wasser des Ganges, das er auf der Reise mit sich führte, schwappten einige Tropfen auf den Inselboden. Sie liefen zusammen und bildeten das Heilige Wasser des Grand Bassin.

Grand Bassin → Parc National Gorges de la Rivière Noire

Bevor Sie in die Hochebene **Plaine Champagne** fahren, können Sie noch dem größten Binnensee von Mauritius einen Besuch abstatten: **Mare aux Vacoas**. Oder Sie fahren gleich in Richtung Südwesten, in den **Parc National Gorges de la Rivière Noire**. Folgen Sie dem asphaltierten Weg westlich von Le Pétrin bis zum Aussichtspunkt Gorges de la Rivière: Der Blick in die Schlucht lohnt sich!

Parc National Gorges de la Rivière Noire → Chamarel

Weiter geht es nach **Chamarel,** durch Wälder, in denen Bambus, Palmen und Guaven wachsen. Dann fahren Sie in Richtung Baie du Cap zu den **Terres des Couleurs**, der farbigen Erde, und den Wasserfällen von Chamarel. Hier und da sehen Sie Salinen, wo die Mauritianer noch heute ihr Salz gewinnen. Die farbige Erde von Chamarel ist eine ausgesprochen merkwürdige Naturerscheinung und am besten bei Sonnenschein zu besichtigen. Bei bedecktem Himmel ist nämlich nur wenig zu erkennen. Das nur wenige Quadratmeter kleine Stückchen komplett vegetationslose Erde zeigt sich dann in verschiedenen Farben. Sie reichen von gelblich über olivgrün, rot und fast schwarz. Warum diese Erde hier so aussieht, konnten selbst Wissenschaftler noch nicht hundertprozentig klären. Man nimmt an, dass es sich um verschiedene Metallbeimischungen handelt.

Chamarel → Port Louis

Zurück geht es auf der Küstenstraße, vorbei an der bei Surfern beliebten Bucht **Tamarin**. Hier ist der Korallengürtel unterbrochen, und die Brandung gelangt bis an die Küste. 6 km von Tamarin entfernt liegt der **Casela Bird Park** mit Papageien, Seeadlern und afrikanischen Eulen. Die Küstenstraße führt anschließend direkt nach Port Louis zurück.

Der Süden – Reise durch Wälder, über Berge, zu den Naturschauspielen der Insel

Charakteristik: Der Süden von Mauritius ist ursprünglich, atemberaubend und faszinierend. Die Landschaft wechselt, das Zuckerrohr verschwindet, Teeanbau und Ananasfelder treten in den Vordergrund. Hier, wo sich einst die Sklaven vor ihren weißen Herren versteckten, kann man heute Stunden der Ruhe und Erholung verbringen; **Länge:** 140 km; **Dauer:** Tagesauflug; **Einkehrmöglichkeiten:** Am Fuße des Le Morne Brabant liegt das Beachcomber Hotel Dinarobin, ein relativ neues Hotel, in dem man in angenehmer Atmosphäre einen Snack zu sich nehmen kann; Tel. 4 50 50 50 (●●● MASTER VISA); Le Domino, ein kleines Restaurant am Hang des Berges. Chinesische und kreolische Küche (●); **Auskunft:** in den Hotels oder Mauritius Tourist Promotion Authority (MPTA), 11th Floor, Air Mauritius Center; Tel. 2 08 63 97; **Karte:** → S. 118, 119, 120

Herrliche Blicke in grandiose Landschaften und mit etwas Glück auch atemberaubende Naturschauspiele – die 140 km sind etwas für Fans des Ursprünglichen. Die Tagesrundfahrt beginnt am Fuße des Berges **Le Morne Brabant** im Südwesten der Insel. 556 m ist er hoch und war einst, wie der gesamte Südwesten der Insel, Zufluchtsort der schwarzen Sklaven. Viele hatten sich in dieses unwegsame Gelände zurückgezogen, nachdem sie von ihren weißen Herren geflohen waren. Aus Angst vor den harten Strafen, die ihnen drohten, wenn man sie gefasst hätte, verbrachten sie dort viele Jahre. Noch heute ist es deutlich, dass diese Gegend lange Zeit von Sklaven besiedelt war. Einem großen Teil der Bevölkerung sieht man die afrikanische beziehungsweise madagassische Herkunft an.

Le Morne Brabant → Mare aux Vacoas

Vom Fuße des Le Morne Brabant fahren Sie entlang der Küste nach Osten bis zur Hauptstraße. Nach ca. 5 km kommen Sie nach **Grande Case Noyale**. Biegen Sie rechts ab, und Sie gelangen auf eine Bergstraße, auf der Sie einen traumhaften Blick auf die Küste haben! In den Wäldern hier leben außer Affen noch wilde Schweine – es sind die Nachkommen derjenigen Tiere, die einst von den Portugiesen dort ausgesetzt wurden. Rund um den Ort **Chamarel** wird hervorragender Kaffee angebaut. In vielen Hotels wird er Ihnen serviert. Sie können ihn auch in den meisten Geschäften von Port Louis und Curepipe kaufen. Biegen Sie in Chamarel rechts ab. Die Straße führt Sie in die Plaine Champagne. Parken Sie Ihren Wagen, um von dort aus nach links auf dem kleinen Fußweg zu einer Stelle zu kommen, wo ein Nebenfluss des Rivière Noire in die **Grandes Gorges** stürzt.

Fahren Sie weiter in Richtung Norden und biegen zum Grand Bassin nach rechts ab. Der Grand Bassin (→ MERIAN-Tipp, S. 76) ist ein für Hindus heiliger See. Die dortige Tempelanlage ist zu besichtigen.

Kehrt man auf die Hauptstraße zurück und fährt wieder rechts, gelangt man zum **Mare aux Vacoas**, dem Trinkwasserreservoir und größtem Süßwassersee von Mauritius.

La Marie → Souillac

Über den Ort La Marie gelangt man nach Forest Side – einem Vorort von Curepipe – und zu der Fabrik Comajora, in der Modellschiffe (→ MERIAN-Tipp, S. 75) gebaut werden. Über den Ort **Rose Belle** gelangen Sie nach Plaine Magnien. Auf der Hauptstraße, die einige Kilometer von der Küste entfernt verläuft, fahren Sie in Richtung Souillac. In **Camp Poule** führt eine ziemlich schlechte Piste in Richtung Küste. Sie endet an einem Felsen aus schwarzem Lavagestein – **Le Souffleur**. An dieser Stelle von Mauritius fehlt der schützende Korallengürtel, und die Brandung kann ungehindert auf die Küste rollen.

Souillac → Rochester Falls

Wer den Umweg nicht fahren möchte, sieht in **Souillac** zum ersten Male wieder die Küste. Den Namen hat die Ortschaft vom einstigen französischen Gouverneur Vicomte de Souillac (1779–1787) erhalten. Hier weht immer ein frischer Wind, die Berge sind mit tropischen Pflanzen bewachsen. Am Meer liegen ein Freibad, ein Park und eine Promenade, die zum Ort **Le Gris Gris** führt. Noch bevor Sie an die Brücke über den Rivière Savanne kommen, zweigt nach rechts ein schmaler Weg in die Berge ab. Auf ihm gelangen Sie zu den **Rochester Falls** – einem Wasserfall, der sich seinen Weg ins Lavagestein gefressen hat.

Rochester Falls → Le Morne

Weiter westlich liegt an der Küstenstraße der Ort **Riambel**. Hier ist das Meer wieder ruhig. Der Sandstrand reicht bis zur **Pointe aux Roches**. Aber Vorsicht! Bei Ebbe entsteht hier eine immense Strömung in Richtung offenes Meer! Einige Kilometer weiter gelangen Sie kurz vor dem Ort Bel Ombre zur Bucht **Baie du Jacotet**. Wenn Sie Lust haben, können Sie bei Ebbe zur **Ilot Sancho** herüberwaten. Wenn man genau hinschaut, entdeckt man einen Anker in den Korallen, der einmal zu einem vor der Ilot Sancho gestrandeten Schiff gehörte.

Überhaupt kursieren die wildesten Gerüchte: Einen Schatz soll es hier irgendwo geben. Eine Kiste voller Gold und Edelsteine, die Piraten angeblich hier vergraben haben. Gefunden hat sie bisher allerdings noch niemand.

Vorbei an Baie du Cap fahren Sie entlang dem Ufer über den Pass mit herrlichem Blick zurück zum Ausgangspunkt in Richtung Le Morne.

Jährlich im Februar ist der Hindutempel am Grand Bassin Ziel tausender Pilger, die ihren Göttern beim Fest Maha Shivaratree mit Gebeten und Opfergaben huldigen.

Rundfahrt durch den Norden – meterhohes Zuckerrohr und fröhliche Menschen

Charakteristik: Eine wunderschöne Fahrradtour durch den hohen Norden von Mauritius. Auf zwei Rädern erlebt man die Insel noch intensiver: die Landschaft, den Wind und vor allem die Menschen, die einem so häufig zulächeln, grüßen oder winken. Erwidert man den Gruß, wird das Lächeln noch strahlender; **Länge:** ca. 28 km; **Dauer:** Halbtags- oder Tagesausflug; **Einkehrmöglichkeiten:** Das hübsche reetgedeckte Restaurant des kleinen Hotels Paul & Virginie mit seinem freundlichen Service ist ein herrlicher Platz zum Entspannen. Das Hotel liegt gegenüber der Polizeistation an einer Bushaltestelle; Tel. 2 63 57 08 (●● MASTER); **Auskunft:** in den Hotels oder Mauritius Tourist Promotion Authority (MPTA), 11th Floor, Air Mauritius Center; Tel. 20 86 39; **Karte:** → S. 116, 117

Es muss nicht immer das Auto sein: Wie schön die Nordküste ist, können Sie viel besser auf zwei Rädern »erfahren«.

Sie starten in Grand Baie, fahren zunächst durch herrlich farbintensive Zuckerrohrfelder: dichte grüne Wände, durch die Sie auf guten Straßen mit Ihrem Rad unterwegs sind. Wenn das Zuckerrohr kurz vor der Ernte ist, erreicht es eine Höhe von bis zu 2 m. Nur hin und wieder treffen Sie ein Auto oder einen der Arbeiter, der für zu Hause ein bisschen Zuckerrohr erntet. Manchmal pustet der Wind in dieser Region ziemlich stark, aber Sie werden kaum Steigungen zu bewältigen haben. Der Weg führt bis an die Nordspitze der Insel, zum **Cap Malheureux**. Hier ging im Jahre 1810 die letztlich siegreiche englische Flotte an Land.

Planen Sie irgendwo ein idyllisches Picknick, und genießen Sie den wunderschönen Fernblick auf die vorgelagerten Inseln Coin de Mire, Ile Gabriel und Ile Plate.

Grand Gaube → Goodlands

Dann geht es weiter in Richtung **Le Grand Gaube**. Hier sind rund 80 Prozent der Einwohner Kreolen. Biegen Sie in Grand Gaube ab in Richtung **Goodlands**. Diese Stadt lebt heute hauptsächlich von der Textilindustrie. Hier wurde im Jahre 1982 auch die größte Modellschiff-Fabrikation gegründet: Im Historic Marine werden die »Rolls Royce« unter den mauritianischen Modellschiffen gebaut. Die Fabrik kann besichtigt werden. Wer sich hier ein Modellschiff kauft, zahlt zwar viel, bekommt aber auch die beste Qualität, die auf der Insel zu haben ist.

Von Goodlands fahren Sie über Petit Raffray und The Vale wieder zurück nach Grand Baie.

Feine Seidenstoffe werden in den Boutiquen der großen Hotels angeboten – ein edles Material, das sich nicht nur zu Kleidung verarbeiten lässt.

Wanderung auf den Piton de la Petite Rivière Noire – Weg zum Gipfel der Ruhe

Charakteristik: Für Freunde der Stille und Einsamkeit ist der Weg auf den 828 m hohen Berg ein wunderschönes Erlebnis. Dann sieht man auch schon mal darüber hinweg, dass der Pfad hinauf nicht so gepflegt ist, kein markierter Weg, eher ein Trampelpfad; **Länge:** Hin- und Rückweg ca. 6 km; **Dauer:** Die reine Laufzeit beträgt je nach Kondition ca. 3–4 Std.; **Einkehrmöglichkeiten:** Reiseproviant und Getränke mitnehmen, da während der Tour keine Restaurants zu Fuß erreichbar sind. **Auskunft:** in den Hotels oder Mauritius Tourist Promotion Authority (MPTA), 11th Floor, Air Mauritius Center; Tel. 2 08 63 97

Diese Wanderung erfordert etwas Kondition, aber keine Bergsteigererfahrung. Nehmen Sie sich Proviant mit, denn auf dem Gipfel angekommen, lohnt es sich – bei einem grandiosen Blick –, ein Picknick zu veranstalten. Unbedingt mitführen sollte man allerdings ausreichend Trinkwasser.

Grande Case Noyale → Vacoas

Schon von weitem erkennt man die Gebirgskette des Rivière Noire und den Gipfel des Piton de la Petite Rivière Noire mit seinen 828 m Höhe – übrigens der höchste Berg auf Mauritius, im Südwesten der Insel. Die Gebirgskette ist Teil des Black River Gorges National Parks. In diesem naturbelassenen Terrain haben endemische Pflanzen und Tiere überlebt und führen dort ein geschütztes Leben. Der Nationalpark ist das einzige Naturschutzgebiet auf Mauritius.

Der Piton de la Petite Rivière Noire, Mauritius' höchster Berg, liegt im Südwesten. Um den Ausgangspunkt der Wanderung zu erreichen, biegen Sie zunächst von der Küstenstraße bei **Grande Case Noyale** ins Inselinnere ab, fahren dann in Richtung Chamarel und biegen schließlich wiederum links nach **Vacoas** ab. Nach etwa 6 km können Sie Ihren Wagen auf einem Parkplatz abstellen. Sie befinden sich nun in der trockensten Gegend der Insel. Die aus dem Südosten kommenden Wolken regnen sich hier am Ostabhang des Gebirges bereits ab. Wählen Sie am besten einen sonnigen Tag für Ihren Aufstieg. Und nehmen Sie sich Zeit zum Durchatmen, Fotografieren und Genießen.

Der Black River Gorges Nationalpark kann auch mit dem Jeep »erfahren« werden.

Der Aufstieg beginnt mit einem Pfad, der nur leicht ansteigt. Nach 2 km gelangen Sie an eine Gabelung: Auf dem rechten Weg geht es zum Gipfel, der linke Weg führt steil abwärts nach Chamarel. Teilen Sie sich auf dem Weg nach oben Ihre Kräfte ein. Gehen Sie nicht zu schnell, denn das letzte Stück des Weges, kurz vor dem Gipfel, wird ziemlich steil. Oben angekommen, werden Sie jedoch überreichlich für Ihre Mühe belohnt: Der Ausblick ist schlichtweg grandios.

9 Pamplemousses Gardens – ein Ausflug zu wundersamen Pflanzen und Tieren

Charakteristik: Spazierengehen kann so schön sein! Vor allem, wenn das Auge und die Seele so viel zu sehen und zu erleben haben. Seerosen so groß, dass man sich drauf setzten könnte, und Schildkröten, die so alt sind, dass schon unsere Urgroßeltern sie hätten streicheln können. Und dazwischen verwunschene Wege inmitten fremder Pflanzenwelten; **Länge:** ab ca 3 km; **Dauer:** ca. 3 Std.; für eine ausgiebige Besichtigung sollte man sich einen ganzen Tag Zeit nehmen; **Einkehrmöglichkeiten:** ein kleiner, aber lustiger Kulturschock: Mitten im Ort Pampelmousse nahe dem Botanischen Garten findet man das Café Valse de Vienne: Wiener Kaffeehauskultur. Hier gibt's Kuchen und allerlei Eisspezialitäten; **Auskunft:** Sir Seewoosagur Ramgoolam Botanical Garden gleich am Eingang; tgl. 6–18 Uhr; in den Hotels oder Mauritius Tourist Promotion Authority (MPTA), 11th Floor, Air Mauritius Center; Tel. 2 08 63 97

Ein geruhsamer Spaziergang durch einen der schönsten, ältesten und artenreichsten Botanischen Gärten der Welt.

Der Ursprung dieses Gartens geht bis ins Jahr 1729 zurück, als ein französischer Kolonialist einen Teil des heutigen Gebietes erstand. Er nannte es Mon Plaisir, »meine Freude«. Sechs Jahre später erwarb es der ebenfalls aus Frankreich stammende Kapitän und Gouverneur Mahé de Labourdonnais als Wochenendresidenz und ließ sich hier seinen privaten Obst-, Gemüse- und Kräutergarten anlegen. Dass die Anlage im Laufe der Jahre immer schöner und vielseitiger wurde, ist hauptsächlich dem Naturwissenschaftler Pierre Poivre (1699-1786) zu verdanken. Poivre, 1767 Intendant von Mauritius geworden, setzte sich mit neuen Anbaumethoden auseinander und widmete sich vor allem Pflanzen, die nicht auf

Ein zauberhafter Ort, an dem man sich entspannen und die Seele baumeln lassen kann, ist der Lotusteich in Pamplemousses Gardens.

der Insel beheimatet waren. Hinzu kam, dass Poivre das damals in französischem Besitz befindliche Eiland zur Gewürzinsel ausbauen wollte. Ein nicht ganz einfaches Unterfangen, da sich der Gewürzhandel bis dahin ausschließlich in Händen der Holländer befand. Mit großem Erfolg gelang es Poivre, aus allen Teilen der Welt stammende Gewürzpflanzen heimisch zu machen. Unter anderem erblühte 1775 zum ersten Mal auf Mauritius eine Gewürznelkenpflanze. Der Name Pamplemousses leitet sich übrigens vermutlich von einem Begriff der Tamilen, »bambolmas«, ab, einer Zitrusfrucht, die der Grapefruit sehr ähnlich ist. Dem Begründer des Botanischen Gartens sind im Park übrigens mehrere Gedenkstätten gewidmet.

Wenn Sie Pamplemousses Gardens betreten, sehen Sie auf der rechten Seite ein kleines Kolonialhaus. Gehen Sie hinter dem Haus gleich nach rechts in die Avenue Poivre. Von hier führt Sie ein asphaltierter Weg vorbei an der wertvollen **Talipot-Palme**, die erst etwa 40 bis 80 Jahre alt werden muss, ehe sie das erste und auch letzte Mal in ihrem Leben blüht. Anschließend stirbt sie ab.

Palmen → Seerosen

Die Talipot-Palme entwickelt meterhohe Blütendolden voller zartgelber Blütenblätter – ein Anblick, den leider nur die allerwenigsten Besucher genießen können. Faszinierend und ein zu Recht beliebtes Fotomotiv sind auch die riesigen **Seerosen** (Victoria Regia), deren kreisrunde Blätter einen Durchmesser von bis zu einem Meter erreichen können. Sie finden sie in einem rechteckigen Becken in der Avenue Charles Darwin. Legen Sie eine kleine Pause am Gehege der Aldabra-Riesenschildkröten ein, die es übrigens sehr genießen, wenn man sie mit frischem Gras füttert.

Schloss Mon Plaisir → Zuckermühle

In der Mitte des Parks finden Sie ein kleines Schmuckstück: das Schlösschen Mon Plaisir. Das Kolonialhaus steht unter Denkmalschutz und wird leider nur für Staatsempfänge geöffnet. Es gibt jedoch Pläne, das Château komplett zu renovieren und in ein botanisches Museum zu verwandeln.

Ein Urwaldriese mit mystischem Touch: tropische Pflanzenpracht in einem der schönsten Botanischen Gärten der Welt.

Neben dem Schloss befindet sich das Modell einer alten Zuckermühle: Im 18. Jh. wurden hier noch verschiedene Zuckerrohrsorten angebaut und deren Qualität getestet.

Botanisch Interessierte können sich entweder einen Plan kaufen, auf dem alle Pflanzen im Park aufgeführt werden, oder sie achten auf die Schilder, die überall an den Bäumen angebracht sind.

Wenn Sie mit dem Mietwagen zu den Pamplemousses Gardens fahren, sollten Sie sich nicht von den aufgeregten, vermeintlichen Parkwächtern irritieren und einen Stellplatz zuweisen lassen. Der kostet Sie dann nämlich 100 Rupien, während es nur 300 Meter weiter einen kostenlosen Parkplatz gibt.

Ausflug zur Nachbarinsel Rodrigues – Spaß an Langsamkeit und Ursprünglichkeit

Charakteristik: Wer Ruhe sucht und nicht ständig auf Reisende stoßen möchte, ist auf der Nachbarinsel von Mauritius goldrichtig; **Dauer:** 2–3 Tage; **Einkehrmöglichkeiten:** in allen größeren Orten und in der Hauptstadt Port Mathurin; **Auskunft:** Ein Fremdenverkehrsamt gibt es hier noch nicht. Informationen unter www.rodrigues-island.org. Bei der Planung hilft auch Mauritius Tourist Promotion Authority (MPTA), 11th Floor, Air Mauritius Center; Tel. 2 08 63 97

Rodrigues ist winzig, ruhig und wird oft vergessen – die kleine stille Schwester von Mauritius. Sie ist die Jüngste der Maskarenen, jener Inselgruppe im Indischen Ozean. Die Insel ist erst ca. 1,5 Mio. Jahre jung und mit ihren 104 qkm Fläche auch die kleinste. Bis nach Mauritius sind es rund 650 km. Die nächste Küste gen Osten ist erst wieder Australien, einige tausend Kilometer weiter.

Vermutlich waren es die Araber, die erstmals einen Fuß auf die Insel setzten. Dann kamen – als erste Europäer – die Portugiesen im Jahre 1528. Es war der portugiesische Abenteurer Diego Rodrigues, nach dem die Insel benannt wurde. Dann folgten die Holländer und auch die Franzosen. Admiral Wolpart Harman besiedelte 1601 zum ersten Mal das Eiland. Aber er hielt es in der Einsamkeit nicht lange aus. Nur einige Wochen später packte er wieder seine Sachen und kehrte nach Mauritius zurück. Ein klein wenig tapferer war der Holländer Gerrit Andriez. Er harrte immerhin drei Monate auf Rodrigues aus. 1691 versuchten es noch mal ein paar Hugenotten, die auf der Flucht dort gelandet waren. Aber auch ihnen gelang es nicht, gegen das Gefühl der Einsamkeit anzukämpfen. So blieb die Insel lange Zeit unbewohnt. Erst 1726 wurden einige Kolonisten und Sklaven dort sesshaft. Sie begannen mit dem Anbau von Mais und verdienten ihr Geld mit dem Verkauf von Riesenschildkröten an vorbeifahrende Schiffe. Die Schildkröten dienten als Proviant. Zu Beginn des 20. Jh. lebten etwa 3000 Menschen auf Rodrigues. Heute sind es rund 35 000 Menschen, von denen 95 Prozent der römisch-katholischen Kirche angehören. Im Gegensatz zu Mauritius sind die Bewohner von Rodrigues überwiegend europäischer und afrikanischer Abstammung. Es werden viele Sprachen gesprochen, hauptsächlich Kreolisch, Französisch und Englisch.

Pflanzen → Tierarten

Ursprünglich war Rodrigues bewaldet. Aber auch hier wurden sämtliche Bäume nach und nach abgeholzt. 64 ha der Insel stehen heute unter Naturschutz, aufgeteilt in zwei Regionen. In einem der Gebiete wächst die Pflanze »café marron«, von der es auf der Welt nur noch vier Exemplare gibt. Zwei stehen auf Rodrigues, die anderen beiden in den Londoner Kew Gardens. Leider sind auch in den vergangenen 300 Jahren durch die Kolonisation viele Tierarten ausgestorben, wie zum Beispiel der flugunfähige »solitaire«.

Heute leben die Menschen auf Rodrigues von ein wenig Handel und Tourismus. Und Letzterer ist es, der die Insel so interessant macht. Sicherlich ist nichts perfekt organisiert, aber deshalb umso charmanter. Es gibt nur drei Hotels auf der Insel, während der Wintermonate Juli und August haben einige Touristenangebote, wie etwa Tauchschulen, geschlossen. Dafür gibt es wunderschöne Strände, fröhliche und herzliche Menschen, herrliche Wanderwege und unendliche Ruhe – vom Massentourismus ist das »Mini-Mauritius« also bislang verschont geblieben. In der Haupt- und Hafenstadt Port Mathurin an der Nordwestküste der Insel wohnen 10 000 Menschen. Das ist sicherlich die größte Siedlung auf ganz Rodrigues.

Und wenn Sie sich auch von hier ein Souvenir mitnehmen möchten: Rodrigues ist besonders bekannt für sein Kunsthandwerk. Vor allem für die Korbflechterei. In **Port Mathurin** finden Sie in der Jenner Street ein Geschäft, in dem Sie die handgemachten Körbe kaufen können.

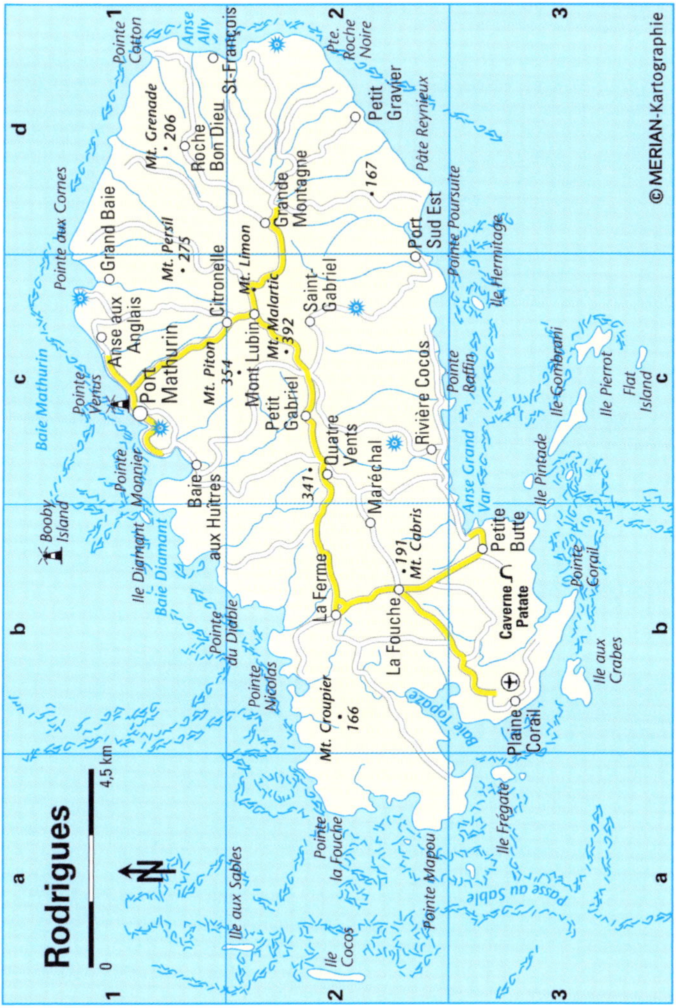

Rodrigues ist bekannt für seine kunstvoll geflochtenen Körbe, ein Handwerk, das überwiegend von Frauen ausgeübt wird.

Modellschiffe → Möbel

Darüber hinaus werden auch hier Modellschiffe und Möbel gefertigt. Die eigentliche Produktionsstätte – es arbeiten dort 20 Personen – befindet sich in der Victoria Street. 1994 eröffnete noch ein weiteres Werk im neuen Camp du Roi Center seine Pforten. Bedauerlicherweise ist das Shoppingerlebnis auf der Insel ansonsten dürftig. In Port Mathurin spielt sich alles ab: die Inselverwaltung, das Geschäftsleben, es gibt wenige Hotels und Restaurants. Übernachten kann man beispielsweise in angenehmen Zimmern mit Bad – und das ist selten – im Hotel Beau Soleil (Rue Victoria; Tel. 8 31 15 87 •). Im Südwesten der Stadt wohnt man im Le Tamaris in hübschen Apartments mit Küche, Wohnzimmer und Terrasse oder Balkon (Camp du Roi; Tel. 8 31 27 15 •). Ursprüngliche Atmosphäre mit guter chinesischer, kreolischer und auch französischer Küche bietet das Restaurant du Quai direkt am Hafen (Fisherman Lane ••; So ab 18 Uhr geschl.). Wem es zu einsam und ruhig wird, kann sich am Wochenende im Nachtclub Ebony amüsieren (Jenner Street, Fr und Sa ab 20 Uhr). Geboten wird Sega-Tanz und Livemusik.

Stolz ist man auf der Insel, dass es seit knapp einem Jahr einen ganz neuen Flughafen gibt. Seitdem fliegt eine zweimotorige Maschine der Air Mauritius mit immerhin 46 Plätzen täglich nach Rodrigues (www.airmauritus.de). Der Flughafen liegt in Plaine Corrail im Südwesten der Insel. Die Fahrt in die Stadt dauert ca. 40 Min., denn die Straßen auf Rodrigues sind teilweise nicht geteert.

Übrigens gelangt man nach Rodrigues auch mit dem Schiff; die Fährverbindungen sind jedoch sehr unregelmäßig.

La Licorne → Port Mathurin

In Port Mathurin lohnt sich ein Spaziergang, um die schönen alten Kolonialhäuser anzuschauen und in den zahlreichen Geschäften einheimisches Kunsthandwerk (geflochtene Körbe, Schmuck aus Kokosnüssen, Holzschiffe) zu kaufen. Nach **Grand Baie**, einem wunderschönen Strand, sollten Sie unbedingt einen Ausflug unternehmen.

Mont Lubin im Zentrum von Rodrigues ist der zweitgrößte Ort der Insel. Von Mont Lubin in Richtung Osten kommen Sie nach **Mont Limon,** dem höchsten Punkt. Von hier aus können Sie einen fantastischen Blick über die Insel mit ihren Lagunen genießen. Nächstes lohnenswertes Ziel ist **Palissades,** das Zentrum des Kunsthandwerks.

Wer sich für die Unterwasserwelt von Rodrigues interessiert, sollte nach **La Licorne** fahren. Dort ist das einzige Tauchzentrum der Insel stationiert. Wer schnorcheln oder schwimmen will, muss sich nach Ebbe und Flut richten: Rodrigues wird von einem gewaltigen Korallenschelf eingerahmt, das in seiner Ausdehnung rund dreimal so groß ist wie die Insel selbst. Das heißt auch: Während der Ebbe werden Schwimmen und Wassersport so gut wie unmöglich. Einzige Ausnahme: die Pointe Coton, wo das Schelf so schmal wird, dass Surfer und Schwimmer problemlos ins Wasser kommen. Schöne Badestrände gibt es außerdem in **Anse Ally** und **Saint-François** an der Ostküste sowie im Süden der Insel.

Wissenswertes über Mauritius

Briefmarken aus Mauritius sind beliebte Sammlerstücke – es muss ja nicht immer die berühmte »Blaue« sein.

Von den Anreisemöglichkeiten über Buchtipps, Sprachführer, Festkalender bis hin zu den Zollmodalitäten: Alles Wissenswerte finden Sie hier übersichtlich aufgeführt.

Jahreszahlen und Fakten im Überblick

Um 2000 v. Chr.
Vorfahren der heutigen Bewohner Indonesiens betreten auf dem Weg nach Madagaskar vermutlich zum ersten Mal die Insel Mauritius.

Um 1000
Araber starten vom Persischen Golf, um Handel zu treiben und ihren islamischen Glauben in die Welt zu tragen. Auf ihren Eroberungsreisen besetzen sie alle Inseln der Mascarenen.

1507
Der Portugiese Domingo Fernandez wirft Anker vor Mauritius und nennt die Insel »Ilha do Cirne« (Schwanen-Insel). Man vermutet, dass er den Namen wegen des Vogels Dodo und seiner leichten Ähnlichkeit mit einem Schwan wählte.

1528
Diego Rodriguez, ebenfalls Portugiese, entdeckt die Insel Rodrigues.

1598
Der holländische Admiral Wybrandt van Warwyck landet an der Südostküste von Mauritius. Warwyck annektiert die Insel und nennt sie Mauritius.

1638
Die ersten Siedler treffen ein. Man beginnt mit Tabakanbau und Viehzucht. Auch Zuckerrohr wird bereits angebaut.

1658
Die Besiedlung scheitert, da die Holländer zu viele der tropischen Edelhölzer gefällt und damit die Preise in Europa verdorben haben.

1710
Die Holländer scheitern zum zweiten Mal auf Mauritius. Stattdessen gewinnen Piraten aus Madagaskar Einfluss.

1722
Die Franzosen besetzen die Insel. Sie holen Sklaven aus Madagaskar, Mozambique und Westafrika, Frauen werden aus Saint-Malo gebracht.

1744
Kapitän Labourdonnais, Gouverneur der Insel, eröffnet die erste Zuckerrohrfabrik in Villebague. Darüber hinaus nutzt er das gute Klima und beginnt mit dem Anbau von Gewürzen. Das Schiff »Saint-Gèran« sinkt vor der Nordostküste. Das Unglück inspiriert den Schriftsteller Bernadin zu seiner Novelle »Paul et Virginie«.

1746
Briten und Franzosen sind in einen heftigen Seekrieg verwickelt. Labourdonnais bricht mit neun Schiffen in den Krieg auf. Der einstige Held landet jedoch in der Bastille in Frankreich: Er soll Bestechungsgelder entgegengenommen haben.

1751
Labourdonnais wird freigesprochen. Er stirbt zwei Jahre später im Alter von 54 Jahren als gebrochener Mann.

1767
Die Kolonie wird von der französischen Krone übernommen. Zu diesem Zeitpunkt leben auf der Ile de France (Mauritius) 2000 Weiße und »freie Menschen« sowie 18 000 Sklaven.

1779
Vicomte de Souillac wird Gouverneur der Insel, die nun als Versorgungsbasis für Schiffe auf den Weg in den amerikanischen Unabhängigkeitskrieg dient.

1803
Schulen werden gebaut, Gesetze nach dem Code Napoléon erlassen. Einige haben bis heute Gültigkeit.

1806–1810
Der letzte französische Gouverneur der Ile de France, Charles Decaen, versucht sich gegen die Engländer durchzusetzen. 1810 werden die Franzosen endgültig geschlagen. Die Insel heißt wieder Mauritius.

1811
Die Pockenseuche lässt einen Großteil der Bevölkerung sterben.

1814
Laut Friedensvertrag von Paris bleibt Réunion bei Frankreich. Mauritius und Rodrigues gehen an England. In dieser Zeit leben 78 000 Menschen auf der Insel, davon 63 000 Sklaven.

1832
General John Jeremy verkündet das Ende der Sklaverei. Die Siedler erhalten Ausgleichszahlungen. Arbeiter aus Indien kommen auf die Insel.

1847
Durch einen Fehldruck in einer Briefmarkenreihe kommt es zur legendären Blauen Mauritius.

1891–1899
Epidemien, Feuer und Zyklone verwüsten Teile der Insel. Besonders betroffen ist Port Louis.

1936
Die Sozialistische Arbeiterpartei (MLP) wird gegründet.

1948
Die MLP hält die Mehrzahl der Sitze in der Legislative. Eine neue Verfassung soll die spätere Unabhängigkeit verbreiten.

1958
Einführung des allgemeinen Wahlrechts.

1965
Ramgoolam wird Premierminister und bleibt es bis 1982.

1968
Mauritius wird unabhängiger Mitgliedsstaat im britischen Commonwealth of Nations. Ausländische Firmen investieren auf Mauritius.

1982
Anerood Jugnauth, indischer Anwalt und Mitglied des Mouvement Militant Mauricien, wird Ministerpräsident.

1987
Bei Neuwahlen geht die Allianz als Sieger hervor.

1989
Tourismus wird ein wichtiger Wirtschaftszweig. Bereits 270 000 Menschen, 100 000 aus Westeuropa, verbringen ihre Ferien auf Mauritius.

1992
Mauritius wird Republik. Ihr Präsident heißt Cassam Uteem.

1995
Navin Ramgoolam, Sohn von Seewoosagur, wird nach Neuwahlen Premierminister.

1998
Eine Steuerreform, die die Preise für Genussmittel und Tabak erhöht, ist in Planung.

2000
Bei den Parlamentswahlen im September siegt die Oppositionsallianz. Neuer Ministerpräsident ist Anerood Jugnauth, 1988 von der Queen in den Adelsstand erhoben.

2001–2005
Die neue Regierung kümmert sich vermehrt um soziale Fragen im Land. Auch umweltpolitische Angelegenheiten werden diskutiert. 2003 wird Paul Béranger Ministerpräsident. Kurz vor den Wahlen 2005 kann er auf eine gute Bilanz zurückblicken: Die Kriminalitätsrate auf Mauritius ist die geringste der gesamten Region.

Nie wieder sprachlos

Wichtige Wörter und Ausdrücke

Ja	*Yes*
Nein	*No*
Bitte	*My pleasure, you're welcome*
Danke	*Thank you*
Wie bitte?	*Pardon?*
Ich verstehe nicht	*I didn't understand you*
Entschuldigung	*Sorry, I beg your pardon, excuse me*
Guten Morgen	*Good morning*
Guten Tag	*How do you do*
Guten Abend	*Good evening*
Hallo	*Hello*
Ich heiße ...	*My name is ...*
Ich komme aus ...	*I come from ...*
Wie geht's?	*How are you?*
Danke, gut	*Thanks, fine*
Wer, was, welcher	*Who, what, which*
Wie viel	*How many, how much*
Wo ist ...	*Where is ...*
Wann	*When*
Wie lange	*How long*
Sprechen Sie Deutsch?	*Do you speek German?*
Auf Wiedersehen	*Good bye*
Bis bald	*See you soon*
Heute	*Today*
Morgen	*Tomorrow*

Zahlen

eins	*one*
zwei	*two*
drei	*three*
vier	*four*
fünf	*five*
sechs	*six*
sieben	*seven*
acht	*eight*
neun	*nine*
zehn	*ten*
einhundert	*one hundred*
eintausend	*one thousand*

Wochentage

Montag	*Monday*
Dienstag	*Tuesday*
Mittwoch	*Wednesday*
Donnerstag	*Thursday*
Freitag	*Friday*
Samstag	*Saturday*
Sonntag	*Sunday*

Mit und ohne Auto

Wie weit ist es nach ...?	*How far is it to ...?*
Wie kommt man nach ...?	*How do I get to ...?*
Wo ist ...?	*Where is ...?*
– die nächste Werkstatt	*– the next garage*
– der Bahnhof/ Busbahnhof	*– the station/ bus terminal*
– die nächste U-Bahn-/ Bus-Station	*– the next subway station/ bus stop*
– die Touristen-information	*– the tourist information*
– die nächste Bank	*– the next bank*
– die nächste Tankstelle	*– the next gas station*
Wo finde ich einen Arzt/ eine Apotheke?	*Where do I find a doctor/ a pharmacy?*
Bitte volltanken	*Fill up please*
Normalbenzin	*Regular gas*
Super	*Super*
Diesel	*Gasoil*
rechts	*right*
links	*left*
geradeaus	*straight ahead*
Ich möchte ein Auto/ein Fahrrad mieten	*I would like to rent a car/bike*
Wir hatten einen Unfall	*We had an accident*
Eine Fahrkarte nach ... bitte	*A ticket to ... please*
Ich möchte ... Euro in ... wechseln	*I would like to change foreign currency*

Hotel

Ich suche ein Hotel	*I'm looking for a hotel*
– eine Pension	*a guesthouse*
Ich suche ein Zimmer für ... Personen	*I'm looking for a room for ... people*
Haben Sie noch Zimmer frei?	*Do you have any vacancies?*
– für eine Nacht	*– for one night*
– für zwei Tage	*– for two days*
– für eine Woche	*– for one week*
Ich habe ein Zimmer reserviert	*I made a reservation for a room*
Wie viel kostet das Zimmer?	*How much is the room?*
– mit Frühstück	*– including breakfast*
– mit Halbpension	*– half board*
– mit Bad/Dusche	*– with bath/shower*
Kann ich das Zimmer sehen?	*Can I have a look at the room?*
Ich nehme das Zimmer	*I'd like to have this room*
Kann ich mit Kreditkarte zahlen?	*Do you accept credit cards?*
Haben Sie noch Platz für ein Zelt/einen Wohnwagen?	*Is there any space for a tent/a campervan?*

Restaurant

Die Speisekarte bitte	*Could I see the menu please?*
Die Rechnung bitte	*Could I have the bill please?*
Ich hätte gern	*I would like to have*
– einen Tee	*– a cup of tea*
– einen Kaffee	*– a cup of coffee*
Auf Ihr Wohl	*cheers*
Wo finde ich die Toiletten (Damen/Herren)?	*Where are the washrooms (ladies/gents)?*
Kellner/in	*waiter/waitress*
Frühstück	*breakfast*
Mittagessen	*lunch*
Abendessen	*dinner*

Einkaufen

Werden Sie bereits bedient?	*Are you being served?*
Wo gibt es ...?	*Where do I find ...?*
Haben Sie ...?	*Do you have ...?*
Wieviel kostet das?	*How much is this?*
Das ist zu teuer	*That's too much*
Das gefällt mir (nicht)	*I like it/I don't like it*
Kann ich das ausprobieren?	*Could I try this on?*
Ich nehme es	*I'll take it*
Geben Sie mir bitte ...	*I would like to have ...*
Danke, das ist alles	*Thank you, that's it*
geöffnet/geschlossen	*open/close*
Bäckerei	*bakery*
Kaufhaus	*warehouse*
Markt	*market*
Metzgerei	*butcher's*
Haushaltswaren	*household supplies*
Lebensmittelgeschäft	*food store/supermarket*
Spielwarenladen	*toystore*
Briefmarken für einen Brief/eine Postkarte nach Deutschland/Österreich/in die Schweiz	*stamps for a letter/postcard to Germany/Austria/Switzerland*

Ämter, Banken, Zoll

Haben Sie etwas zu verzollen?	*Do you have anything to declare?*
Ich möchte einen Reisescheck einlösen	*I would like to cash a traveller's check*
Ich habe meinen Pass/meine Geldbörse verloren	*I have lost my passport/my wallet*
Ich suche einen Geldautomaten	*I am looking for a cash teller*
Ich möchte nach Deutschland telefonieren	*I would like to place a call to Germany*

Aussprache

~ über einem Vokal bedeutet, dass er nasal ausgesprochen wird:
ã wie z. B. in chance
ä wie in terrain
õ wie in Bonbon

Wichtige Wörter und Ausdrücke

ja	*oui [ui]*
nein	*non [nõ]*
bitte	*s'il vous plaît [sil wu plä]*
danke	*merci [mersi]*
Wie bitte?	*Comment? [komã]*
Ich verstehe nicht	*je ne comprends pas [schön kõmprã pa]*
Entschuldigung	*pardon/excusezmoi [pardõ/exküseh-moa]*
Guten Morgen/Tag	*bonjour [bõschur]*
Guten Abend	*bonsoir [bõsuar]*
hallo	*salut [salü]*
Ich heiße	*Je m'appelle [schö mapäl]*
Ich komme aus	*Je suis de [schö süi dö]*
Wie geht es Ihnen/dir?	*Comment allez-vous/vas-tu [kommã alleh-vu/va-tü]*
danke, gut	*bien, merci [bjä mersi]*
wer, was, welcher	*qui, que, lequel [ki, kö, lökel]*
wie viel	*combien [kombiä]*
wo ist?	*où-est [u-ä]*
wann	*quand [kõ]*
Sprechen Sie Deutsch?	*Parlez-vous allemand [parle-vu almã]*
Sprechen Sie Englisch?	*Parlez-vous anglais [parle-vu onglä]*
Auf Wiedersehen	*au revoir [oh rövuar]*
Schönen Tag	*bonne journée [bonn schurneh]*
heute	*aujourd'hui [oschurdüi]*
morgen	*demain [dömã]*
gestern	*hier [jär]*

Zahlen

eins	*un [ä]*
zwei	*deux [döh]*
drei	*trois [troa]*
vier	*quatre [katr]*
fünf	*cinq [sãk]*
sechs	*six [sis]*
sieben	*sept [set]*
acht	*huit [üit]*
neun	*neuf [nöf]*
zehn	*dix [dis]*
hundert	*cent [sã]*
tausend	*mille [mill]*

Mit und ohne Auto unterwegs

Wie weit ist es	*Combien de kilomètre y a-t-il [kombiä dö kilomätr i jatil]*
Es ist weit	*C'est loin [sä luã]*
Wo ist ...	*Où se trouve [us truv]*
– die nächste Werkstatt?	*la garage la plus proche [la garasch la plü prosch]*
– der Bahnhof/Busbahnhof?	*la gare (routière) [la gar/gar rutjär]*
– U-Bahn-Haltestelle	*l'arrêt du métro [larrä dü metroh]*
– Bus-Station	*l'arrêt d'autobüs [larrä dotobüs]*
– der Flughafen	*l'aéroport [laehropor]*
– eine Bank	*une banque [ün bãk]*
– ein Geldautomat	*un distributeur automatique [distribütör automatiik]*
– eine Tankstelle?	*une station-service [ün stasjõ servis]*
Ich suche einen Arzt/eine Apotheke	*Je cherche un médicin/une pharmacie [schö schersch ä mehdsä/ün farmasi]*
Bitte volltanken!	*Le plein, s'il vous plaît [lö plä sil vu plä]*
Normalbenzin	*l'essence [lesãs]*
Diesel	*gas-oil [gasual]*
nach rechts/links	*à droite/gauche [a druat/gohsch]*

geradeaus	*tout droit [tu drua]*
Ich möchte ein Auto/Fahrrad mieten	*Je voudrais louer une voiture/bicyclette [jö vudrä lueh ün voatür/bisiclät]*
Es ist ein Unfall passiert	*Il y a un accident [il ja än aksidã]*
Eine einfache Fahrt 2. Klasse 1. Klasse nach ...	*Un aller deuxième/premiére classe pour ... [än aleh döhsjäm/prömjär klas pur]*
Stadt	*ville [will]*
Dorf	*village [willasche]*

Hotel

Ich suche ein Hotel	*Je cherche un hôtel [schö schersch ä ohtäl]*
Haben Sie noch Zimmer frei?	*Avez-vous encore des chambres libres? [aveh-vu ãkor deh schãbrö libr]*
– für eine Nacht	*pour une nuit [pur ün nwi]*
– für eine Woche	*pour une semaine [pur ün sömän]*
– für zwei Wochen	*pour deux semaines [pur dö sömän]*
Ich habe ein Zimmer reserviert	*J'ai réservé une chambre [schä reserveh ün schãbrö]*
Wie viel kostet das Zimmer?	*Combien coûte la chambre? [kombiä kut la schãbrö]*
– mit Frühstück	*avec petit déjeuner compris [awek pti dehschöneh kõpris]*
Bad	*bain [bäng]*
Dusche	*douche [dusch]*
Zweibettzimmer	*chambre à deux lits [schãbrö a dö li]*
Kann ich das Zimmer sehen?	*Est-ce que je peux voir la chambre? [äs kö schö pöh vuar la schãbr]*
Ich nehme das Zimmer	*Je prends la chambre [schö prã la schãbr]*

Restaurant

Die Speisekarte bitte	*La carte, s'il vous plaît [la kart sil vu plä]*
Die Rechnung bitte	*L'addition, s'il vous plaît [ladisjõ sil vu plä]*
Ich nehme ...	*Je prends ... [schö prã]*
Wo finde ich die Toiletten? (Damen/Herren)?	*Où sont les toilettes (dames/hommes)? [u sõ leh toalät (dam/om)]*
Kellner	*garçon [garsõ]*
Frühstück	*petit déjeuner [pti dehschöneh]*
Mittagessen	*déjeuner [dehschöneh]*
Abendessen	*dîner [dineh]*
Imbiss	*casse-croûte [kass-krut]*

Einkaufen

Wo finde ich ...?	*Où est-ce qu'on peut acheter ...? [u äs kã pöht aschteh]*
Haben Sie ...?	*Vous avez ...? [vus aweh]*
Wieviel kostet das?	*Combien ça coûte? [kõbiä sa kut]*
Das ist zu teuer	*C'est trop cher [sä tro schär]*
100 g/ein Kilo	*cent grammes/un kilo de [doneh moa sã gram/ä kilo dö]*
Metzgerei	*boucherie [buschri]*
Bäcker	*boulanger [bulanscheh]*
Haushaltswaren	*articles ménagers [artikl mehnascheh]*
Lebensmittelgeschäft	*épicerie [ehpisri]*
Apotheke	*pharmacie [farmasi]*
Briefmarken für einen Brief/eine Postkarte nach Deutschland/Österreich/in die Schweiz	*des timbres pour une lettre/carte postale pour l'Allemagne/l'Autriche/la Suisse [deh täbr pur ün lettr/ün kart postal pur lalman/lotrisch/la süis]*

Die wichtigsten kulinarischen Begriffe

Im Restaurant

Die Speisekarte bitte	*Could I see the menu please?*
Die Rechnung bitte	*Could I have the bill please?*
Ich hätte gern einen Kaffee	*I would like to have a cup of coffee*
Auf Ihr Wohl	*cheers*
Wo finde ich die Toiletten (Damen/Herren)?	*Where are the washrooms (ladies/gents)?*
Kellner	*waiter*
Kellnerin	*waitress*
Frühstück	*breakfast*
Mittagessen	*lunch*
Abendessen	*dinner*

A

alcoholic beverages: alkoholische Getränke
appetizer: Vorspeise
apple juice: Apfelsaft
apple pie: Apfelkuchen

B

bacon: Speck
barbecue: Gegrilltes
beans: Bohnen
beef: Rindfleisch
beer: Bier
beverages: Getränke
boiled: gekocht
boiled potatoes: Salzkartoffeln
brill: Meerbutt
broiled: gegrillt
brown bread: Schwarzbrot

C

cabbage: Kohl
cake: Kuchen, Torte
carrots: Karotten
cream: Sahne
catch of the day: fangfrischer Fisch
cauliflower: Blumenkohl
cereal: Getreideflocken, Müsli
chestnut: Esskastanie, Marone
chicken: Huhn
chowder: Muschelsuppe
clams: Venusmuscheln
cod: Kabeljau
cole slaw: Krautsalat
crustacea: Krustentiere

D

decaffeinated coffee (auch *decaf*): koffeinfreier Kaffee
dish of the day: Tagesgericht
doughnut: Schmalzgebackenes
duck: Ente

E

eel: Aal
egg: Ei
– *sunny side up:* Spiegelei
endives: Endivien

F

fennel: Fenchel
figs: Feigen
fowl: Geflügel
french fries: Pommes frites
fried: in der Pfanne gebraten
– *eggs:* Spiegeleier
– *potatoes:* Bratkartoffeln
– *sausage:* Bratwurst
fruit juice: Fruchtsaft

G

game: Wild
garlic: Knoblauch
goose: Gans
grapefruit: Pampelmuse
grape juice: Traubensaft
grapes: Weintrauben
green beans: grüne Bohnen

H

ham: Schinken
hard boiled egg: hart gekochtes Ei
hare: Hase
haricot beans: weiße Bohnen
hash: Gehacktes
hazelnut: Haselnuss
hot: heiß, scharf
herbal tea: Kräutertee
honey: Honig
horseradish: Meerrettich
house wine: Hauswein

I
ice-cube: Eiswürfel
– cream: Speiseeis
iced tea: Eistee

J
jam: Marmelade
jelly: Gelee
juice: Saft

L
lager beer: helles Bier
lamb chop: Lammkotelett
leek: Lauch, Porree
lemon: Zitrone
lemonade: Zitronenlimonade
lentils: Linsen
lettuce: Kopfsalat
lime juice: Limonensaft
liver: Leber
lobster: Hummer
loin: Lendenstück

M
marmalade: Orangenmarmelade
mashed potatoes: Kartoffelbrei
meat: Fleisch
meat balls: Fleischklößchen
medium rare: halb durchgebraten
mineral water: Mineralwasser
muffin: rundes, oft süßes Gebäck
mushrooms: Pilze
mustard: Senf

N
night cap: letzte Bestellung
noodles: Nudeln

O
octopus: Tintenfisch
on the rocks: mit Eiswürfeln
onion: Zwiebel
orange juice: Orangensaft
oyster: Auster

P
pancake: Pfannkuchen
pastry: Gebäck, Kuchen
peanuts: Erdnüsse
pepper: Pfeffer
pie: Pastete, Torte
pine-apple: Ananas
pine-apple juice: Ananassaft
pork: Schweinefleisch
potatoes: Kartoffeln
prawns: Steingarnelen

Q
quail: Wachtel

R
rabbit: Kaninchen
rare: fast roh
red cabbage: Rotkohl
rice: Reis
roast: Braten
rum: Rum

S
salad: Salat
salt: Salz
salmon: Lachs
sausage: Wurst
scrambled eggs: Rühreier
seafood: Meeresfrüchte
shellfish: Schaltiere
sirloin steak: Lendensteak
slice: Scheibe
smoked: geräuchert
snapper: Tiefseefisch
soda: Limonade
soft boiled egg: weich gekochtes Ei
soft drinks: alkoholfreie Getränke
sole: Seezunge
spinach: Spinat
strawberries: Erdbeeren

T
tart: Kuchen
T-bone steak: Steak (mit Knochen)
tenderloin: Filetstück
tuna fish: Tunfisch

Y
veal: Kalb
vegetables: Gemüse
venison: (Rot-)Wild
vinegar: Essig

W
wafers: dünne Waffeln
walnut: Walnuss
well done: gut durchgebraten
whipped cream: Schlagsahne

Im Restaurant

Die Speisekarte bitte	*La carte, s'il vous plaît [la kart sil vu plä]*
Die Rechnung bitte	*L'addition, s'il vous plaît [ladisjõ sil vu plä]*
Ich nehme ...	*Je prends ... [schö prã]*
Wo finde ich die Toiletten? (Damen/Herren)?	*Où sont les toilettes (dames/hommes)? [u sõ leh toalät (dam/om)]*
Kellner	*garçon [garsõ]*
Frühstück	*petit déjeuner [pti dehschöneh]*
Mittagessen	*déjeuner [dehschöneh]*

A

addition: Rechnung
agneau: Lamm
aiglefin: Schellfisch
aïl (à l'aïl): Knoblauch (mit Knoblauch)
anchois: Sardelle (Anchovis)
artichauts: Artischocken
assiette: Teller

B

bar: Barsch
barbeau (barbillon): Barbe
bargue: Meerbutt
beignet: Krapfen
betterave rouge: rote Bete
bien cuit: durchgebraten
bœuf: Ochse oder Rind
boisson: Getränk
bouteille: Flasche
brème: Brasse
brioche: Hefegebäck (meist zum Frühstück)

C

cabillaud: Kabeljau
cacahuètes: Erdnüsse
caille: Wachtel
canard: Ente
carré d'agneau: Lammrückensteak
carrelet: Scholle
chèvre: Ziege, Ziegenkäse
chou: Kohl
choucroute: Sauerkraut
citron pressé: frisch gepresster Zitronensaft
colin: Seehecht oder Schellfisch
concombre: Gurke
coq: Hahn
coquilles, coquillages: Muscheln
côte: Rippenstück
crèpes: Eierpfannkuchen
crevettes: Garnelen
crudités: Rohkostsalate
crustacés: Krustentiere

D

daurade, dorade: Goldbrasse
digestif: Verdauungsschnaps
dinde: Pute
dindon: Truthahn, Puter

E

eau: Wasser
– *gazeuse:* Selterswasser
– *naturelle:* natürliches Mineralwasser (ohne Kohlensäure)
– *minérale:* Mineralwasser
– *(non) potable:* Wasser (nicht) zum Trinken
écrevisses: Krebse
épinards: Spinat
escalope: Schnitzel
entrée: Vorspeise

F

faux-filet: Lendenstück vom Rind
flan: Pudding
flétan: Heilbutt
foie: Leber
framboise: Himbeere
fromage: Käse
fruits: Früchte, Obst
fumé: geräuchert

G

gâteau: Kuchen
garçon: Kellner, Ober
gibier: Wild
gigot: Keule
glace: Eis
glaçon: Eiswürfel
gratin: Auflauf, Überbackenes
grillades: Gegrilltes

H
hachis: Gehacktes, Haschee
haricots verts: grüne Bohnen
homard: Hummer
hors-d'œuvre: Vorspeise
huile: Öl
huîtres: Austern

J
jambon: Schinken
jarret: Haxe
jus: Saft

L
lait: Milch (*lait entier:* Vollmilch)
laitue: Kopfsalat
lapin: Kaninchen
légumes: Gemüse
lotte de mer: Seeteufel
loup de mer: Wolfsbarsch (Seewolf)

M
maquereau: Makrele
mâche: Feldsalat
marron: Esskastanie
miel: Honig
morue: Kabeljau
moules: Muscheln
moutarde: Senf (Mostrich)

N
navets: weiße Rübchen
noisettes d'agneau: Lammnüsschen

O
œuf: Ei
oie: Gans
oignons: Zwiebeln

P
pain: Brot
pâtisserie: Konditorei
pêche: Pfirsich
plat: Gericht, Platte
à point: kross gebraten (außen knusprig, innen rosa)
pomme: Apfel
pommes de terre: Kartoffeln
porc: Schwein
potage: Suppe
poulet: Brathähnchen
poulpe: Tintenfisch

Liebhaber von Fisch und Schalentieren geraten auf Mauritius ins Schwärmen.

R
raisins: Weintrauben
rosbif: Roastbeef, Rostbraten
rôti: Braten, gebraten

S
saignant: »englisch« gebraten
saucisson: Schnitt- oder Brühwurst
saumon: Lachs
service (non) compris: Bedienung (nicht) inbegriffen
sole: Seezunge

T
tarte: Obstkuchen
thon: Tunfisch
tranche: Schnitte, Scheibe
truite: Forelle

V
veau: Kalb, Fleisch vom Kalb
viande(s): Fleisch
vinaigre: Essig
volaille: Geflügel

Y
yaourt: Jogurt

Nützliche Adressen und Reiseservice

Auf einen Blick

Einwohnerzahl: 1,2 Mio., davon rund 40 000 auf Rodrigues (Schätzung aus dem Jahre 2001)

Fläche: Das Staatsgebiet umfasst 2040 qkm. Davon entfallen 1865 qkm auf Mauritius, 104 qkm auf Rodrigues und 71 qkm auf kleine, meist unbewohnte Inseln.

Hauptstadt: Port Louis

Höchster Berg: Piton de la Petite Rivière Noire mit 828 m

Religion: 60 % Hindus, 15 % chinesische Christen, 10 % Moslems, 5 % europäische Christen, 10 % Buddhisten, Taoisten und andere Religionsgemeinschaften

Staatsform: Seit 1968, dem Jahr der Unabhängigkeit von der ehemaligen Kolonialmacht England, ist Mauritius eine parlamentarische Demokratie mit Mehrparteiensystem.

Wirtschaft: Nach wie vor ist die Zuckerindustrie der stärkste Wirtschaftszweig auf Mauritius. Mehr als auf der Hälfte der Gesamtfläche der Insel wird es angebaut. Heute werden ca. 600 000 t jährlich produziert. 95 % des Ertrages gehen in den Export. Zweitwichtigster Wirtschaftszweig ist die Textilindustrie. Ein Drittel des Bruttosozialproduktes macht der Tourismus aus.

Anreise und Ankunft

Exklusivität garantiert: Obwohl immer mehr Urlauber nach Mauritius kommen, wird es hier nie Massentourismus geben – die Regierung hat Charterflüge nämlich verboten.

Mit dem Flugzeug

Eines sei gleich vorweggenommen: Der Flug nach Mauritius ist lang. Sehr lang. Je nachdem, wie schnell Sie Anschlussflüge bekommen und von wo aus Sie Ihre Reise starten, sind Sie bis zu 16 Stunden unterwegs. Gerade für Kinder ist dieser Marathonflug kein besonders erquickliches Erlebnis. Aber: Wenn Sie diese Stunden überstanden haben, auf Mauritius gelandet sind, werden Sie für all das mehr als entschädigt.

Um ihre landeseigene Fluggesellschaft keiner billigen Konkurrenz auszusetzen, hat die mauritianische Regierung Charterflüge nach Mauritius untersagt. Sie werden also in jedem Fall Linie fliegen müssen. Die beiden einfachsten Möglichkeiten sind die regionale **Air Mauritius** oder aber die **Condor**. Air Mauritius startet zweimal pro Woche von Frankfurt und München, davon je einmal nonstop; außerdem zweimal wöchentlich von Wien und einmal von Zürich. Condor fliegt, je nach Saison, zwei- oder dreimal ab Frankfurt und München. Der Vorteil: Sie buchen gleich den Zubringer mit.

Sicherlich hängt der Service über den Wolken jeweils von der diensthabenden Crew ab, dennoch ist zu bemerken, dass der Service der Air Mauritius außergewöhnlich freundlich und zuvorkommend ist. Preislich liegen beide Fluggesellschaften ungefähr auf einem Level: Für einen Platz in der Economy-class zahlen Sie um die 1000 €. Eine weitere Möglichkeit: Sie fliegen mit British Airways über Frankfurt. Dann kostet der Flug ab ca. 850 €.

Erst vor rund zehn Jahren wurde der Flughafen **Sir Seewoosagur Ramgoolam** in Plaisance im Südwesten der Insel, 3 km von Mahébourg und 45 km von Port Louis entfernt, eingeweiht. Gerade wird er wieder erweitert, denn es kommen immer mehr Urlauber nach Mauritius. Inzwischen sind es pro Jahr um die 600 000. Mauritius boomt! Das ist auch deutlich daran zu merken, dass in den nächsten Monaten und Jahren einige Hotels neu gebaut und eröffnet werden.

Darauf haben natürlich auch die deutschen Reiseveranstalter reagiert. Es lohnt sich aber in jedem Fall zu vergleichen. Die wichtigsten Anbieter sind Airtours, Feria, Meyer's Weltreisen, die Neckermann-Tochter Terramar und die TUI. Ihre Offerten sind sehr unterschiedlich; sie reichen von Ferien in angenehmen Mittelklassehotels bis zu All-inclusive-Angeboten für Hochzeitsreisende.

Geld sparen können Sie jedoch auch, wenn Sie – beispielsweise mit **Air France** (Flüge ab ca. 650 €) – über Paris fliegen. Fünfmal wöchentlich startet Air France vom Flughafen Roissy. Bedenken sollten Sie allerdings, dass Sie bei dieser Version enorm lange unterwegs sein werden.

Transfer zum Hotel

Pauschalurlauber werden in der Regel von einem Hotel-Shuttledienst vom Flughafen abgeholt. Haben Sie individuell gebucht, werden Sie von wartenden Taxifahrern gefragt, ob man Sie chauffieren dürfe. Kein Problem, nur handeln Sie einen Festpreis aus. Eine Fahrt in den Norden darf nicht mehr als 900 Rs kosten; für die Strecke nach Grand Baie benötigen Sie bis zu eineinhalb Stunden.

Geld wechseln können Sie gleich nach der Ankunft im Flughafengebäude. Dort finden Sie auch einen Duty-free-Shop, Touristen-Information und diverse Autovermieter.

Wer's ganz extravagant möchte und mit der Air Mauritius anreist, kann sich auch von einem Hubschrauber der Airline abholen lassen. Sie sparen dabei sehr viel Zeit – und der Flug ist sicherlich ein unvergessliches Erlebnis. Gebucht wird dieser Transfer gleich mit dem Flug.

Vor der Abreise unbedingt daran denken: Sie müssen pro Person 300 Rs **Flughafensteuer** bar bezahlen! Wer auf eigene Faust reist, muss seinen Rückflug 48 Stunden zuvor im Büro der Fluggesellschaft oder direkt am Flughafen bestätigen lassen.

Kontaktadressen der Fluggesellschaften

Air Mauritius

- Poststr. 2–4, 60329 Frankfurt; Tel. 0 69/24 00 19 99, Fax 24 00 19 19; www.air-mauritius.com
- Knöbelstr. 14, 80538 München; Tel. 0 89/21 31 93 90, Fax 21 31 93 93

British Airways

www.british-airways.com

Condor

Tel. 0 61 07/93 90; www.condor.com

Air France

Tel. 0 18 05/83 18 31; www.airfrance.de

Mit dem Schiff

Einige wenige Kreuzfahrtschiffe machen auch auf Mauritius Halt – nur bleiben sie selten länger als ein oder zwei Tage. Wer von Réunion nach Mauritius übersetzen möchte, kann mit der »Mauritius pride« anreisen. Dieser Frachter mit Personenbeförderung verkehrt allerdings ohne festen Fahrplan, meistens zwei- oder dreimal im Monat. Der Trip dauert rund zehn Stunden, zu buchen bei

Mauritius Shipping Corporation → Umschlagkarte hinten, e 6

1, Route Militaire, Port Louis; Tel. 2 42 52 55, Fax 2 42 52 45

Ausflüge

Centre Sport Nautique → S. 116, C 2

Sunset Boulevard, Grand Baie; Tel. 2 63 80 17, Fax 2 63 74 79

Cruising Experience Mauritius → Umschlagkarte hinten, c 3

Rue Sir William Newton 43 (PCL Building), Port Louis; Tel. 2 10 17 66, Fax 2 12 69 19; E-Mail: budgetrs@bow.intnet.mu

Mauritius Travel & Tourist Bureau (MTTB) → S. 73, C 2

Royal Road, Curepipe/Floréal; Tel. 6 96 30 01, Fax 6 96 30 12

Mauritours → S. 119, D 5
Rose Hill; Tel. 4 54 16 66

Mautourco → S. 119, E 6
Gustave Forest Street, Forest Side;
Tel. 6 74 36 95/6, Fax 6 74 37 20;
E-Mail: mautourc@bow.intnet.mu

Auskunft

In Deutschland
Mauritius Informationsbüro
c/o Hering Schuppener Unternehmensberatung für Kommunikation GmbH
Grünebergweg 64, 60322
Frankfurt/Main; Tel. 07 00/MAURITIUS oder 07 00/6 28 74 84 87 (Mo–Fr 14–16 Uhr), Fax 0 69/92 18 74 31;
www.mauritius.net

In Österreich und in der Schweiz
Mauritius Tourism Information Service MTIS Switzerland & Austria
Kirchenweg 5, 8032 Zürich;
Tel. 00 41/(0)44/3 88 41 18,
Fax 00 41/(0)44/3 88 41 03;
www.mauritius.net

Auf Mauritius
MTPA (Mauritius Tourism Promotion Authority)
→ Umschlagkarte hinten, b 3
11th Floor, Air Mauritius Centre, Port Louis; Tel. 2 08 63 97, Fax 2 12 51 42;
www.mauritius.net

Bevölkerung

Etwa 1,2 Mio. Einwohner leben auf Mauritius. Es sind Indo-Mauritianer, Euro-Mauritianer, Sino-Mauritianer und Kreolen. 60 % der Einwohner sind Hindus. Mit einer Bevölkerungsdichte von durchschnittlich 546 Menschen pro qkm gehört die Insel zu den am dichtesten besiedelten Gebieten der Erde. Auf der zu Mauritius gehörenden Insel Rodrigues leben rund 35 000 Menschen.

Buchtipps

Bernadin de Saint-Pierre: **Paul und Virginie** (Verlag Die Waage). In seiner wunderschönen Geschichte von Paul und Virginie schildert der Autor die unglückliche Liebe zwischen zwei jungen Menschen. Der Leser bekommt sozusagen nebenbei einen Einblick in die fantastische Natur der grünen Tropeninsel. Das Buch ist ein Klassiker der mauritianischen Literaturgeschichte. Ein Denkmal für die Liebenden steht in Curepipe.

David Quammen: **Der Gesang des Dodo** (List-Verlag). Der ausgestorbene flugunfähige Vogel von Mauritius, der Dodo, ist Teil der Geschichte von Mauritius, von der in dem Taschenbuch berichtet wird.

Diplomatische Vertretungen

In Deutschland
Honorar-Generalkonsulat der Republik Mauritius
Landwehrstr. 10, 80336 München;
Tel. 0 89/55 55 15, Fax 55 35 04

Honorar-Generalkonsulat der Republik Mauritius
Jacobistr. 7, 40211 Düsseldorf;
Tel. 02 11/35 67 54, Fax 36 56 39

Auf Mauritius
Deutsches Konsulat
Av. Sir S. Ramgoolam 60, Port Louis;
Tel. 2 40 06 66

Österreichisches Konsulat
Rogers House, Rue John F. Kennedy,
Port Louis; Tel. 2 08 68 01

Schweizer Konsulat
Av. Sir S. Ramgoolam, Port Louis;
Tel. 2 40 86

Einreise

Ein Visum ist nicht erforderlich. Sie benötigen nur einen Reisepass, der noch mindestens drei Monate gültig ist, und ein Rückflugticket. Nach der Landung müssen Sie darüber hinaus noch ein Einreisevisum ausfüllen.

Informationen
Passport & Immigration Service
Police Headquarters, Port Louis;
Tel. 2 08 12 12, Fax 2 12 23 98

FEIERTAGE

Es gibt 13 offizielle Feiertage. Feste Daten sind:

1./2. Januar	Neujahr
12. März	Tag der Unabhängigkeit
1. Mai	Tag der Arbeit
1. November	Allerheiligen
25. Dezember	Weihnachten

Andere religiöse Feiertage unterliegen flexiblen Daten.

FERNSEHEN

Der lokale Sender Mauritius Broadcasting Corporation (MBC) strahlt sein Programm in Englisch, Französisch und Hindi aus. Gesendet wird zwischen Nachmittag und Mitternacht. Die großen Hotels haben Satellitenanschluss und eigene Videokanäle, so dass niemand aufs Fernsehen verzichten muss.

FKK

FKK und »oben ohne« ist an öffentlichen Stränden absolut unangebracht und wird auch nicht akzeptiert. Auch in den Hotels sollte man aus Rücksicht auf das einheimische Personal auf zu viel Freizügigkeit verzichten.

FOTOGRAFIEREN

Filme sind überall erhältlich. Dennoch sollten Sie genügend Material von zu Hause mitnehmen, denn es ist auf Mauritius sehr viel teurer. Kaufen Sie am besten keine lichtempfindlichen Filme! Das enorm helle Tropenlicht lässt die Farben zu einem kontrastlosen Einheitsbrei werden. Die Konturen verschwinden, und die Schönheit der Landschaft kommt nicht mehr zur Geltung. Die Freundlichkeit der Mauritier lässt es zu, dass Touristen ihre Kamera überall benutzen können. Fotografieren Sie Einheimische aber bitte nur mit deren Erlaubnis, vor allem Moslems.

GELD

Die mauritianische Rupie (Rs) ist unterteilt in 100 Cents (cs). Banknoten werden in Scheinen zu 1000 (blau), 500 (braun), 200 (grün), 100 (rot), 50 (blau) und 10 (grün) Rupien aus-

Wechselkurse

MS Rupien	EU Euro	CH Franken
1	0,02	0,04
5	0,14	0,22
30	0,86	1,32
100	2,87	4,41
300	8,61	13,24
750	21,53	33,10
1000	28,71	44,13
150	43,07	66,20
2500	71,78	110,33
3500	100,50	154,47
4500	129,22	198,60
10 000	287,15	441,34
30 000	861,47	1324,04

Nebenkosten in Euro

1 Tasse Kaffee	1,00–3,00
1 Glas Bier	1,50–3,50
1 Glas Cola	1,50–3,50
1 Hühnercurry	ab 2,00
1 Schachtel Zigaretten	ca. 4,00
1 Liter Benzin	ca. 1,00
1 Busticket	ab 0,50
Mietwagen/Tag	ab 50,00

Rund 600 000 Tonnen Zuckerrohr werden heute jährlich auf der Insel geerntet.

gegeben. Münzen gibt es zu 10, 5 und 1 Rs, darüber hinaus sind Münzen zu 50, 25, 20, 10 und 5 Cents im Umlauf.

Banken sind meistens montags bis freitags von 9.15 bis 15.15 geöffnet, samstags von 9.15 bis 11.15 Uhr. Die Banken am Flughafen öffnen immer dann, wenn Flugzeuge landen oder starten. In Grand Baie haben haben die Wechselstuben montags bis samstags von 8 bis 18 geöffnet, sonntags von 9 bis 14 Uhr.

Geografie

Der Inselstaat Mauritius liegt etwa 800 km östlich von Madagaskar. Zu diesem Staat gehören Mauritius mit 1866 qkm und die Insel Rodrigues mit 104 qkm sowie die Agalega-Gruppe und die Carajos-Inseln. Mauritius ist ca. 60 km lang und 55 km breit. Der höchste Berg ist der Piton de la Rivière Noire (828 m), der längste Fluss der Grande Rivière (35 km).

Geschäftszeiten

In Port Louis: montags bis freitags von 9 bis 17, samstags von 9 bis 12 Uhr. In Touristenorten wie Grand Baie haben die Geschäfte jeweils eine Stunde länger geöffnet. Märkte beginnen morgens um 6 und enden um 18 Uhr.

Glücksspiel

Inzwischen gibt es sehr viele Casinos, sowohl in größeren Hotels als auch in Port Louis. Bekleidungsregeln gibt es kaum. In allen Casinos der Insel geht es sehr gesittet zu. Die meistgespielten Glücksspiele sind Roulette und Black Jack. Keine Automatenhallen.

Heiraten

Mauritius gehört zu den beliebtesten Urlaubsinseln für Honeymooner und Heiratswillige. Wenn Sie hier den Bund fürs Leben schließen wollen, brauchen Sie nur ein Formular auszufüllen, in dem Sie bescheinigen, dass Sie weder mauritianischer Staatsangehöriger sind noch einen Wohnsitz auf der Insel haben. Schon einen Tag nach dem Aufgebot können Sie sich das Jawort geben.

Die großen Hotels sind bestens auf Hochzeitsreisende eingestellt und haben verschiedene Angebote im Programm.

Informationen
Registrar of Civil Status
7th Level, Emmanuel Anquetil Building, Port Louis

Spezialveranstalter in Deutschland
Infinity
Bayerstr. 95, 80335 München; Tel. 0 89/5 38 96 28, Fax 5 38 96 45

Internet

Ausführliche Informationen über Mauritius finden Sie unter folgender Adresse: **www.mauritius.net** gibt Antworten auf fast jede Frage. Interessant ist sie für alle, die sich erste Informationen holen wollen.
www.mauritius-guide.de ist ebenfalls eine deutschsprachige Seite, auf der man einen Eindruck davon erhält, was man wo benötigt oder erwarten kann.

www.mauritius-ferien.de: Ob Flüge oder Hotels, ob Mauritius individuell oder pauschal – hier findet man alles rund um einen Urlaub auf der Insel.

Medizinische Versorgung

Apotheken finden Sie gut verteilt auf der Insel. Sie sind Mo–Sa von 8.30 bis 18 Uhr geöffnet; das Arzneisortiment ist nach westlichen Maßstäben ausgerichtet. Sie sollten auf jeden Fall ein Mittel mitnehmen, das Sie vor Mücken schützt. Wenn Sie einen Gecko in Ihrem Zimmer haben: Freuen Sie sich! Die Tiere leben von Mücken und tun Ihnen gar nichts!

Impfungen sind nicht vorgeschrieben. Nur wer aus einem infizierten Gebiet anreist, muss sich gegen Gelbfieber impfen lassen.

Öffentliche Krankenhäuser

Doctor Jeetoo Hospital

→ Umschlagkarte hinten, b 5-6

Rue Volcy Pougnet, Port Louis;
Tel. 2 12 32 01

Sir Seewosagur Ramgoolam National Hospital → S. 116, C 3

Pamplemousses; Tel. 2 64 16 61

Private Krankenhäuser

City Clinic

Sir Edgar Laurent Street, Port Louis;
Tel. 2 41 29 51

Clinique Ferrière

College Lane, Curepipe; Tel. 6 76 19 73

Notruf

Polizei und Krankenwagen: Tel. 9 99
Feuerwehr: Tel. 9 95

Post

Es gibt es auf Mauritius 100 Postämter. Das Hauptpostamt befindet sich in der Quay Street in Port Louis. Öffnungszeiten: montags bis freitags von 8.15 bis 11.15, von 12 bis 16 sowie samstags von 8 bis 11.45 Uhr. Ein Brief nach Deutschland kostet 20 Rs, eine Postkarte 18 Rs.

Radio/Fernsehen

Nachrichten in englischer Sprache sendet die regionale Rundfunkstation abends um 21 Uhr. Tagsüber wird das Programm in Kreolisch, Französisch und Hindi ausgestrahlt.

In den großen Hotels gibt es neben den hoteleigenen Videoprogrammen auch deutsche TV-Sender wie RTL oder SAT 1. Die mauritianischen Sender bieten Nachrichten in französischer Sprache und indische Soaps von eher zweifelhafter Qualität.

Reiseknigge

Reisende sollten auf Mauritius – wie überall – die religiösen Etiketten respektieren. Und die sind aufgrund der vielen verschiedenen Religionen sicherlich zahlreich. Vor allem Moslems und Hindus haben andere Vorstellungen und Gesetze, was die Freizügigkeit anbelangt. Während der Besuche der religiösen Stätten sollte man auf dezente Kleidung achten. Das heißt: wenig Haut zeigen! Vor dem Betreten eines Tempels oder einer Moschee zieht man die Schuhe aus. Auch sollte man darauf verzichten, Menschen ungefragt zu fotografieren. FKK ist an den Stränden von Mauritius nicht erlaubt.

Reisewetter

Das tropische Meeresklima des Indischen Ozeans sorgt für Durchschnittstemperaturen im Sommer (November bis April) von 30 °C, in der kühleren Jahreszeit (Mai bis Oktober) von 20 °C. Im Dezember beginnt eine regenreichere Zeit. November bis Februar ist die Saison für Zyklone. Die trockensten Monate sind September und Oktober. Die Wassertemperatur schwankt zwischen 22 und 27 °C. Auskünfte gibt es beim Wetterdienst in Vacoas unter Tel. 6 86 10 31.

Sega

Die ehemalige Musik der Sklaven, der Tanz, der die Musik begleitet, ist auch für Mitteleuropäer faszinierend. In den größeren Hotels werden regelmäßig Sega-Abende veranstaltet. Nach der offiziellen Show bringen die Einheimischen tanzwilligen Urlaubern die Grundschritte bei.

Sprache

Die offizielle Amtssprache ist Englisch, gesprochen wird aber vor allem Kreolisch und auch Französisch.

Strom

Die Stromspannung beträgt überall 220 Volt.

Telefon

Öffentliche Telefone funktionieren mit von der Mauritius Telecom (MT); es gibt sie in verschiedenen Geschäften. Meistens finden Sie öffentliche Telefonzellen vor Polizeistationen. Handys funktionieren neuerdings auf den D1- und D2-Netzen. Auf der Insel hat sich ein eigenes Netz etabliert (**Emtel,** Boundary Road 1, Rose Hill, Tel. 4 54 54 00, Fax 4 54 10 10).

Vorwahlen

D, A, CH → Mauritius Tel. 0 02 30
Mauritius → D Tel. 00 49
Mauritius → A Tel. 00 43
Mauritius → CH Tel. 00 41

Trinkgeld

Erwartet wird es nicht, aber sicher freuen sich alle Bediensteten über maximal 10 % des Rechnungsbetrages als Trinkgeld.

Trinkwasser

Trinken können Sie das Wasser aus dem Hahn schon, aber es ist unglaublich stark gechlort. Menschen mit trockener Haut sollten sich eine gute Körperlotion mitnehmen, denn das Duschen mit diesem Wasser trocknet die Haut enorm aus.

Verkehrsverbindungen

Chauffeur gefällig? Sehr viel entspannter als in einem Mietwagen können Sie die Insel mit dem Taxi

MERIAN-Tipp

10 Erkundungstouren per Bus oder Sammeltaxi

Die preiswerteste und erlebnisreichste Variante, die Insel zu erkunden: Fahren Sie mit dem Bus! Sie erreichen mit diesem praktischen Verkehrsmittel alle wichtigen Orte auf Mauritius, müssen aber rechtzeitig Ihre Rückfahrt planen, da die Busse in der Nacht nicht mehr fahren. Sollten Sie von Port Louis in den Norden wollen, ist ab 18 Uhr Feierabend, Richtung Süden geht es noch bis 19 Uhr. Oder Sie nehmen sich von Port Louis ein so genanntes Sammeltaxi: Diese Wagen starten neben der Hauptbusstation immer dann, wenn genügend Leute mitfahren. Die Fahrgäste teilen sich den Fahrpreis.

→ Umschlagkarte hinten, b 2

kennen lernen. So haben alle etwas von der Inselerkundungstour …

Mietwagen

Eines steht fest: Das Erlebnis, mit einem Leihwagen auf Mauritius unterwegs zu sein, könnte man durchaus als abenteuerlich bezeichnen. Und das aus den verschiedensten Gründen: Zum einen herrscht auf Mauritius Linksverkehr. Das erfordert schon höchste Konzentration. Zum anderen ist der Fahrstil der Mauritianer ausgesprochen gewöhnungsbedürftig: Es wird überholt, wo und wie auch immer. In Kurven, vor Kurven, bei wetterbedingt schlechter Sicht und auch auf der Gegenfahrbahn am Stau vorbei. Dazu kommt, dass – in Ermangelung von Gehwegen – auch die Fußgänger auf der Fahrbahn unterwegs sind.

In der Dunkelheit gilt es besonders aufmerksam zu fahren. Häufig sind die Fahrzeuge schlecht oder gar nicht beleuchtet, die Fahrer auch mal angetrunken. Streunende Hunde laufen über die Fahrbahn. Wenn schon ein Leihwagen, dann sollten Sie eines der stabileren Autos mieten und nicht gerade einen offenen Mini-Moke. Unfälle sind auf Mauritius leider an der Tagesordnung.

Die Straßenverhältnisse des insgesamt rund 1600 km langen Netzes sind dagegen teilweise hervorragend. Vor allem auf der einzigen Schnellstraße, auf der Sie vom Flughafen Plaisance im Südwesten der Insel bis hoch in den Norden gelangen. Der einzige Nachteil: Die Straße führt durch die Hauptstadt Port Louis und ist damit die Hauptverkehrsader der Insel. Morgens im Berufsverkehr und nachmittags nach Büroschluss ist diese Straße hoffnungslos überfüllt. Man steht dann – wenn man Pech hat – stundenlang im Stau.

Andere – kleine – Straßen der Insel sind sehr kurvenreich und unübersichtlich. Vorsicht: Nach heftigen Regenfällen können Teile der Fahrbahn kurzzeitig unter Wasser stehen!

Generell darf jeder, der einen Führerschein hat, ab 23 Jahren auf Mauritius mit dem Auto fahren. Allerdings gibt es neuerdings eine kleine Einschränkung: Der Führerschein muss seit mindestens einem Jahr gültig sein. Die **Höchstgeschwindigkeit** beträgt in den Ortschaften 50 km/h und auf Landstraßen 80 km/h. Der internationale Führerschein muss noch mindestens ein Jahr gültig sein. Die nördliche Ost-West-Verbindung zwischen Terre Rouge und Rivière du Rempart ist derzeit noch eine Großbaustelle; die Bauarbeiten dauerten bei Redaktionsschluss dieses Buches noch an. Diese Strecke sollten Sie also wegen Dauerstau weiträumig umfahren.

Ein Mietwagen kostet, je nach Fabrikat, ab ca. 50 € pro Tag, der Liter Benzin um die 0,80 €. Tankstellen sind vielleicht nicht gerade üppig vorhanden, aber dennoch gut verteilt.

Agenturen für Mietwagen

Die meisten finden Sie am Flughafen. Wenn Sie sich nur zwischendurch einen Wagen mieten möchten, bekommen Sie den auch in den großen Hotels. Allerdings ohne die große Auswahl und ohne Preisvergleich.

Entfernungen (in km) zwischen wichtigen Orten

	Áeroport	Belle Mare	Chamarel	Curepipe	Goodlands	Grand Baie	Mahébourg	Pamplemousses Gardens	Port Louis	Souillac
Áeroport	–	50	46	23	84	66	7	56	46	25
Belle Mare	50	–	65	35	27	47	43	31	45	75
Chamarel	46	65	–	31	66	62	50	52	42	28
Curepipe	23	35	31	–	47	43	30	33	23	30
Goodlands	84	27	66	47	–	11	77	14	24	77
Grand Baie	66	47	62	43	11	–	73	16	20	73
Mahébourg	7	43	50	30	77	73	–	63	50	32
Pamplemousses Gardens	56	31	52	33	14	16	63	–	10	63
Port Louis	46	45	42	23	24	20	50	10	–	53
Souillac	25	75	28	30	77	73	32	63	53	–

ABC Car Rental → S. 116, B 4
Albion Docks Building, Trou Fanfaron; Tel. 2 42 89 75, Fax 2 42 89 58

Avis
Al-Madina Street; Port Louis; Tel. 2 08 60 31, 2 08 16 24; Fax 2 11 14 20

Europcar → S. 119, D 5
Autoroute M2, Les Pailles; Tel. 2 86 01 40, Fax 2 30 47 05

Hertz → S. 119, E 6
Rue Gustave Colin, Forest Side (Curepipe); Tel. 6 70 43 01, Fax 6 75 64 25

National Car Rental → S. 120, C 11
SSR International Airport; Tel. 6 37 86 86 oder 2 11 31 91/2 10 19 00, Fax 2 11 29 96; E-Mail: national@intnet.mu

Société JHA → S. 120, C 11
Rue Labourdonnais, Mahébourg; Tel. 6 31 98 06, Fax 6 31 99 91

Taxi
Nehmen Sie sich für einen Tag ein Taxi und erkunden die Insel. Fast jedes Hotel bietet einen Fahrdienst für einen Pauschalpreis an. Die hilfsbereiten Fahrer bringen Sie an jeden gewünschten Fleck und halten auch an, wenn Sie fotografieren möchten. Die Taxis sind in einem guten Zustand: Die Unternehmer sind verpflichtet, nach zehn (bei Hotel-Taxis) bzw. 15 Jahren (bei Privattaxis) die Wagen auszutauschen.

Taxameter oder ähnliche Möglichkeiten, um die Preise zu überprüfen, finden Sie selten. Oder sie werden gleich abgestellt, da Touristenfahrten meist pauschal abgerechnet werden. Handeln Sie mit Ihrem Taxifahrer einen Preis aus, nachdem Sie die Tarife im Hotel abgesprochen haben. Oder Sie nehmen sich ein Hotel-Taxi. Dann handelt es sich um bereits festgelegte Tarife. Die Preise variieren. Für eine Fahrt vom Flughafen nach Port Louis zum Beispiel sollten Sie mit ca. 600 Rs rechnen.

Hubschrauber
Wer's extravagant liebt, kann auch mit der Air Mauritius einen Inselrundflug per Hubschrauber unternehmen. Dabei bekommt man einen herrlichen Überblick über die Insel. Buchen können Sie diesen Ausflug bei

Air Mauritius Helicopter Service → S. 120, C 11
SSR International Airport; Tel. 6 37 34 20, Fax 6 37 41 04

Zeit
Mauritius ist der mitteleuropäischen Zeit um drei Stunden voraus.

Zoll
Die Einfuhr von Obst, Gemüse, Fleisch, Pflanzen und Pflanzensamen sowie von pornografischen Fotos oder Filmen ist verboten. Auf den Import und den Besitz von Drogen steht die Todesstrafe!

Die Einfuhr von Zigaretten ist auf eine Stange pro Person beschränkt.

Achtung: Wer mauritianisches Kunsthandwerk erwirbt, das einen Wert von über 150 € hat, muss bei der Einfuhr nach Deutschland mit zusätzlichen Zollkosten rechnen!

Zuckerrohr
Fast 50 % der gesamten Oberfläche von Mauritius sind mit Zuckerrohr bedeckt. Im Jahre 1812 wurden auf der Insel rund 400 t Zucker pro Jahr produziert, nur einige Jahre später waren es bereits 2500 t. 1825 beschloss man, die Zuckerproduktion zu erhöhen, denn die robuste Pflanze stellte sich als ideal für die Insel heraus. Während Kaffeepflanzen und Baumwolle den Zyklonen nicht standhielten, wuchs das Zuckerrohr unbeirrt weiter. 1850 wurden zum ersten Male 100 000 t produziert, Anfang des 20 Jh. waren es 160 000 t. Heute sind es bereits ca. 600 000 t jährlich. Der größte Teil wird exportiert. Die anfallende Melasse wird als Futtermittel verkauft und für die Rumproduktion verwendet.

Kartenatlas

Orientierung leicht gemacht: mit Planquadraten und allen Orten und Sehenswürdigkeiten.

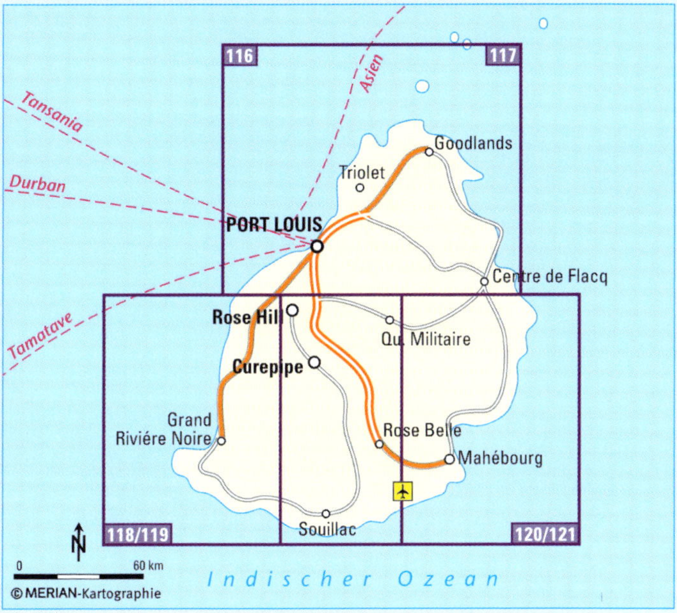

Legende

Routen und Touren

- Von Rivière du Rempart nach Mahébourg (S. 80)
- Der Inselwesten (S. 82)
- Der Süden (S. 84)
- Eine Rundfahrt durch den Norden (S. 86)

Sehenswürdigkeiten

- MERIAN-TopTen
- MERIAN-Tipp
- Sehenswürdigkeit, öffentl. Gebäude
- Sehenswürdigkeit Kultur
- Sehenswürdigkeit Natur
- Kirche; Kloster
- Schloss, Burg; Ruine

Sehenswürdigkeiten ff.

- Museum
- Hinduistischer Tempel
- Moschee
- Höhle
- Archäologische Stätte

Verkehr

- Autobahn
- Autobahnähnliche Straße
- Fernverkehrsstraße
- Hauptstraße
- Nebenstraße
- Busbahnhof
- Flughafen
- Flugplatz

Sonstiges

- Information
- Denkmal
- Theater
- Markt
- Golfplatz
- Aussichtspunkt
- Strand
- Leuchtturm
- Heiße Quelle
- Nationalpark
- Nationalparkgrenze

A
B
C
1
2
3
4
I n d i s c h e r
Cap
Pointe d'Azu
Pointe Eglise Paresseuse
Pointe aux Cannoniers
Grand
Pointe aux Cannoniers
Baie
Mon Choisy
Maheswarnath Hindu Temple
Aquarium
Trou aux Biches
Mt. Virer 70
Camp Bestel
Plaine des Papayes
Grande Pointe aux Piments
Triolet
Solitude
Morcellement St-André
Baie aux Tortues ou de l'Arsenal
SSR National Hospital
R. Citrons
Moulin à Poudre
Beau Plan
Le Goulet
Petit Gamin
St-François
Baie du Tombeau
Baie du Tombeau
L'Espoir
Arsenal
Pamplemousses
Terre Rouge
Khoyratty
Baie de la Grande Rivière Nord-Ouest
Pointe Roche Noire
Calebas
La Cocoterie
Roche Bois
Ilot
Notre-Dame
Bird Reserve
Fort George
Sainte-Croix
Long Mountain
R. Labourdonnais
Valton
Pointe aux Sables
Pointe aux Sables
Koenig's Tower
PORT LOUIS
Les Mari
Petit Verger
Richelieu
Signal Mountain
Pouce Valley
Calebas 632
Melotte
Rivière
Pointe aux Caves
Petite Rivière
Pailles
Pieter Both 823
Pouce N.R.
Le Pouce 811
Malenga
Anse Courtois
Mt. Deux Mamelles
Ripa
Camp Créoles
Domaine Les Pailles
Gros Cailloux
Belle Etoile
Petite Rivière
Albion
Moka
Le Bocage
St-Pierre
Beau Bois
L'Avenir
BEAU BASSIN
A4
A2
M2
A3
A1
119

0 6 km

© MERIAN-Kartographie

A
B
C
5
6
7
8
Indischer
Ozean
Pointe aux Caves
Camp Créoles
Baie de la Petite Rivière
Albion
Plaine St-
Pointe Moyenne
La Mecque
Médine
Flic en Flac
Palmyre
Wolmar
Clarence
Casela Bird P
13,4
Pointe Sud Flic en Flac
R. d. Rempart
A3
Baie du Tamarin
Pointe du Tamarin
Tamarin
Tourelle du Tamarin
548
R. Boucan
La Mivoie
Tamarin Mt.
Grande Rivière Noire
Baie de la Grande Rivière Noire
Black River Aviary
Tour Martello de l'Hormonie
Les Salines
Ilot Fortier
Baie de la Petite Rivière Noire
Ilot Malais
Petite Rivière Noire
Noyale
Piton de la Petite Rivière Noire
828
Grande Case Noyale
Case
Ile aux Bénitiers
Chamarel
Coteau Raffin
La Gaulette
Pointe Pecheurs
B9
Terres de Couleurs
Cachette
Le Morne
556
Petit Moka
Chamarel Waterfall
Le Morne Brabant
Piton du Fouge
596
L'Embrasure
Le Cap
409
Fantaisie
Pointe Sud-Ouest
Ilot Fourneau
Passe de la Prairie
Pointe Corail de la Prairie
Baie du Cap
Bon Cou
Le Petit Cap
St-Martin
Anse St-Martin
Passe St-Jacques
Baie du Cap
Pointe Citronniers
A
B
C

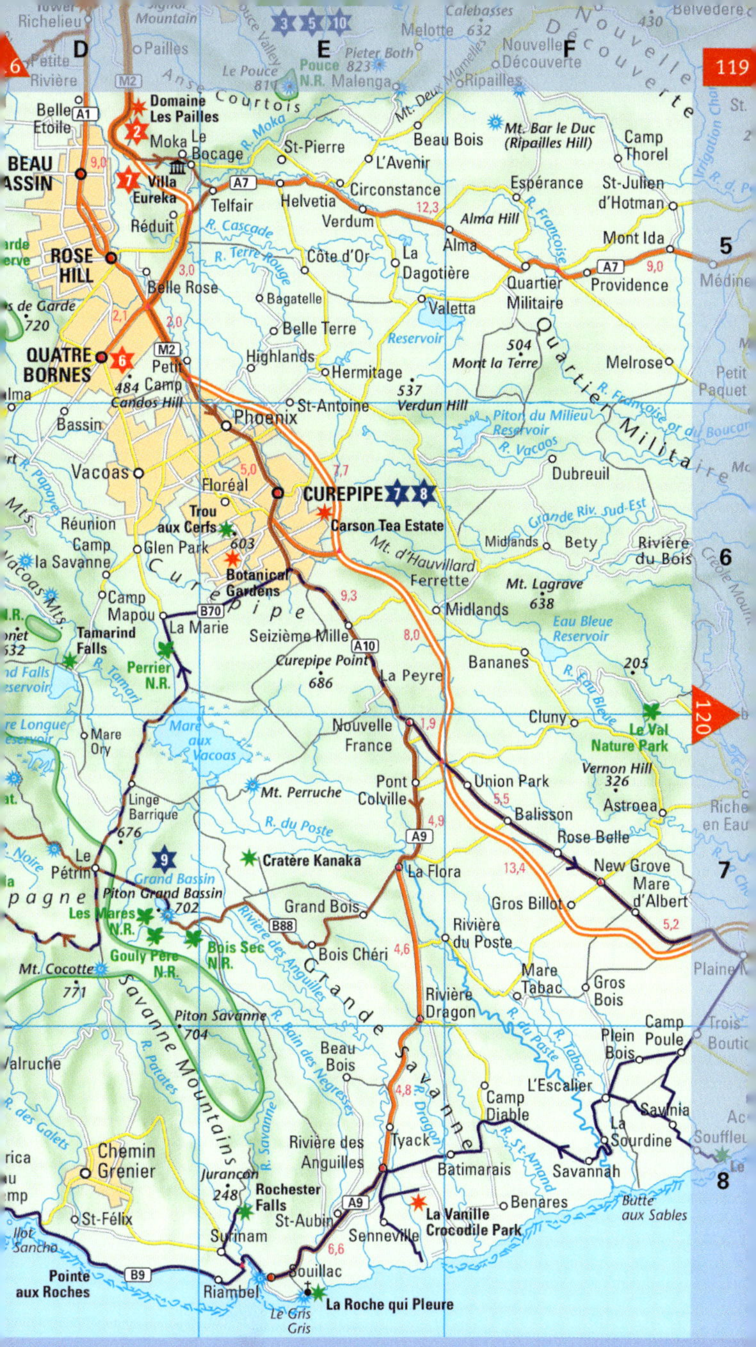

D
E
F
5
6
7
8
6
120
Richelieu
Pailles
Petite Rivière
Le Pouce 811
Pouce N.R.
Pieter Both 823
Malenga
Melotte 632
Calebasses
Nouvelle Découverte
Ripailles
Belvedere
430
Domaine Les Pailles
Belle Etoile
Moka
Le Bocage
St-Pierre
Beau Bois
Mt. Bar le Duc (Ripailles Hill)
Camp Thorel
BEAU BASSIN
Villa Eureka
L'Avenir
Telfair
Helvetia
Circonstance
Espérance
St-Julien d'Hotman
Réduit
Verdum
Alma Hill
Alma
Mont Ida
ROSE HILL
Côte d'Or
La Dagotière
Quartier Militaire
Providence
Médine
Belle Rose
Bagatelle
Valetta
Belle Terre
Reservoir
504
Mont la Terre
Melrose
QUATRE BORNES
Highlands
Hermitage
537
Verdun Hill
Petit Camp
484
Candos Hill
St-Antoine
Petit Paquet
Bassin
Phoenix
Piton du Milieu Reservoir
R. Vacoas
Vacoas
Dubreuil
Floréal
CUREPIPE
Trou aux Cerfs
Carson Tea Estate
603
Réunion Camp
Glen Park
Mt. d'Hauvillard
Midlands
Bety
Rivière du Bois
la Savanne
Botanical Gardens
Ferrette
Mt. Lagrave
638
Camp Mapou
La Marie
Midlands
Eau Bleue Reservoir
Tamarind Falls
Seizième Mille
Curepipe Point
686
La Peyre
Bananes
205
Perrier N.R.
Mare Ory
Mare aux Vacoas
Nouvelle France
Cluny
Le Val Nature Park
Vernon Hill
326
Mt. Perruche
Pont Colville
Union Park
Astroea
Linge Barrique
676
R. du Poste
Balisson
Rose Belle
Riche en Eau
Le Pétrin
Grand Bassin
Cratère Kanaka
La Flora
New Grove
Mare d'Albert
Piton Grand Bassin
702
Grand Bois
Gros Billot
Les Mares N.R.
Rivière des Anguilles
Bois Chéri
Rivière du Poste
Gouly Père N.R.
Bois Sec N.R.
Mt. Cocotte
771
Grande Savanne
Mare Tabac
Gros Bois
Plaine
Rivière Dragon
Savanne Mountains
Piton Savanne
704
Camp Poule
Plein Bois
Trois Boutiques
Beau Bois
L'Escalier
Camp Diable
Savinia
La Sourdine
Tyack
Rivière des Anguilles
Chemin Grenier
Batimarais
Savannah
Souffleur
Jurancon
248
Rochester Falls
Benares
Butte aux Sables
St-Aubin
La Vanille Crocodile Park
St-Félix
Surinam
Senneville
Ilot Sancho
Pointe aux Roches
Riambel
Souillac
La Roche qui Pleure
Le Gris Gris
A1
A7
M2
A10
A9
B70
B88
B9

D E

0 6 km

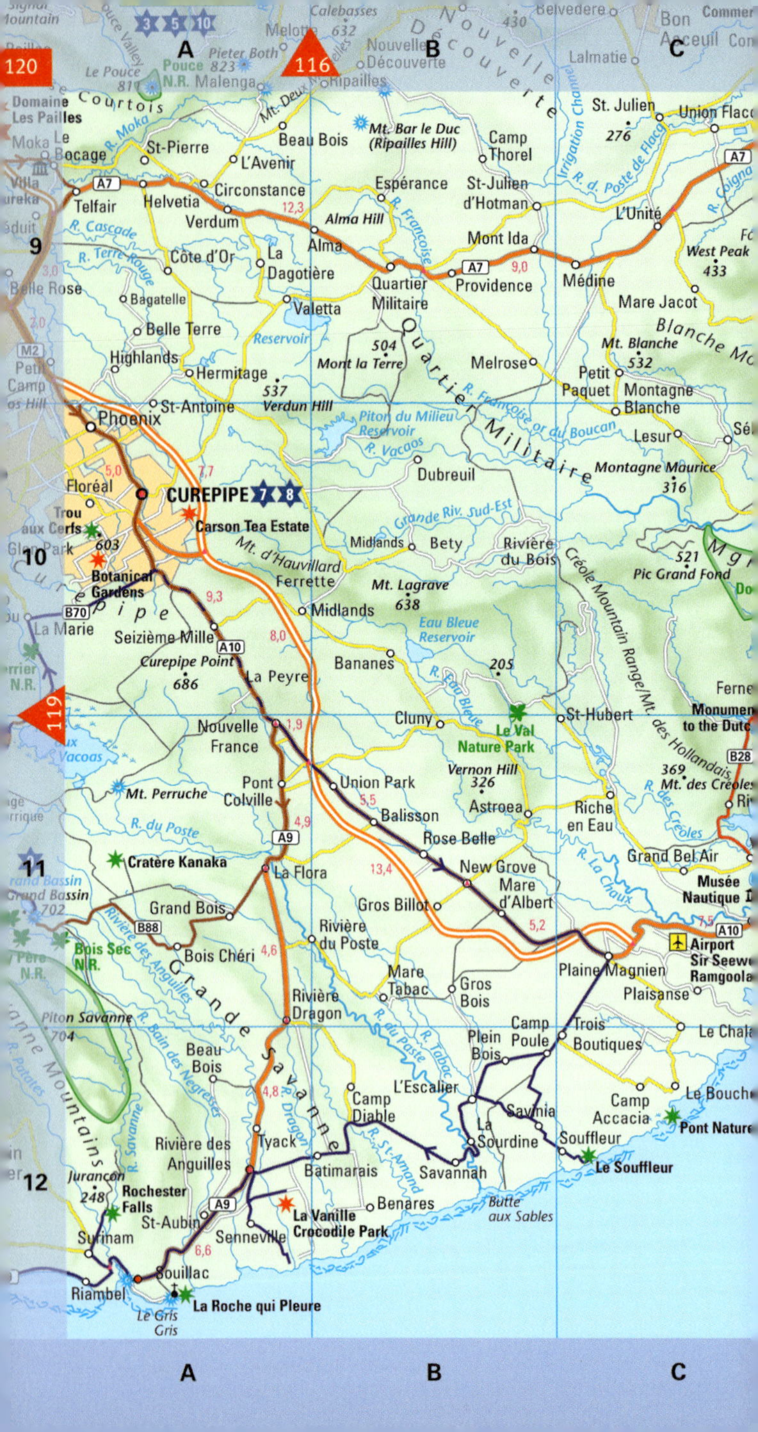
A
B
C
116
119
9
10
11
12
Calebasses
632
Nouvelle Découverte
Melotte
Belvedere
430
Bon Acceuil
Pieter Both 823
Le Pouce 811
Pouce N.R.
Malenga
Ripailles
Lalmatie
Domaine Les Pailles
Moka
Le Bocage
Courtois
R. Moka
St-Pierre
Mt. Deux
Beau Bois
Mt. Bar le Duc (Ripailles Hill)
Camp Thorel
Irrigation Channel
St. Julien
276
Union Flacq
L'Avenir
A7
Telfair
Helvetia
Circonstance
Espérance
St-Julien d'Hotman
R. d. Poste de Flacq
L'Unité
Verdum
12,3
Alma Hill
Alma
R. Françoise
Mont Ida
West Peak 433
R. Cascade
R. Terre Rouge
Côte d'Or
La Dagotière
Quartier Militaire
Providence
9,0
Médine
Belle Rose
3,0
Bagatelle
Valetta
Mare Jacot
Belle Terre
2,0
Reservoir
504
Mont la Terre
Quartier Militaire
Blanche
Mt. Blanche 532
M2
Petit Camp
Highlands
Hermitage
Melrose
Petit Paquet
Montagne Blanche
537
Verdun Hill
R. Françoise or du Boucan
St-Antoine
Phoenix
Piton du Milieu Reservoir
R. Vacoas
Lesur
5,0
7,7
Dubreuil
Montagne Maurice 316
Floréal
CUREPIPE
Trou aux Cerfs
603
Carson Tea Estate
Grande Riv. Sud-Est
Glen Park
Mt. d'Hauvillard
Midlands
Bety
Rivière du Bois
521
Pic Grand Fond
Botanical Gardens
Ferrette
Créole Mountain Range/Mt. des Hollandais
9,3
Mt. Lagrave 638
B70
Curepipe
Midlands
La Marie
Eau Bleue Reservoir
8,0
Seizième Mille
A10
Bananes
Curepipe Point 686
205
R. Eau Bleue
La Peyre
Ferney
Monument to the Dutch
Cluny
Le Val Nature Park
St-Hubert
Nouvelle France
1,9
Vacoas
Union Park
Vernon Hill 326
369 Mt. des Créoles
B28
Pont Colville
5,5
Mt. Perruche
Balisson
Astroea
Riche en Eau
R. des Créoles
4,9
R. du Poste
A9
Rose Belle
R. La Chaux
Grand Bel Air
Cratère Kanaka
La Flora
13,4
New Grove
Mare d'Albert
Musée Nautique
Grand Bassin
702
Grand Bois
Gros Billot
7,5
B88
Rivière du Poste
5,2
A10
Airport Sir Seewoosagur Ramgoolam
Bois Sec N.R.
Bois Chéri
4,6
Rivière des Anguilles
Plaine Magnien
Plaisanse
Grande Savanne
Mare Tabac
Gros Bois
Rivière Dragon
Piton Savanne 704
R. Bain des Negresses
R. du Poste
R. Tabac
Camp Poule
Trois Boutiques
Le Chaland
Plein Bois
Savanne Mountains
R. Potatoes
Beau Bois
L'Escalier
Camp Diable
4,8
R. Dragon
Camp Accacia
Le Bouchon
Savinia
Pont Naturel
R. Savanne
La Sourdine
Souffleur
Rivière des Anguilles
Tyack
R. St-Amand
Le Souffleur
Batimarais
Savannah
Jurançon 248
Rochester Falls
A9
Benares
Butte aux Sables
St-Aubin
La Vanille Crocodile Park
Surinam
Senneville
6,6
Souillac
Riambel
La Roche qui Pleure
Le Gris Gris
A
B
C

D
E
F
117
Providence
Mare Casse
Chaon
Centre de Flacq
Pointe des Puits
Belle Mare
Mare
La Chaux
Mare du Puit
Pointe aux Boeufs
Mare aux Trois Ilots
Bramsthan
Mare Tatos
Palmar
Mare Planche
Trou d'Eau Douce
Ile Vacoas
Pointe Quatre Cocos
Bel Air
B59
R. Sèche
Ile de l'Est
Ile aux Lubines
Ernest Florent
Pont Lardier
Beau Champ
Ile aux Cerfs
Deep River
B28
Ile aux Chats
Deux Frères
Grande Rivière Sud-Est
Olivia
Anse Cunat
Pointe de la Batterie
Quatre Soeurs
Pointe aux Feuilles
Grand Sable
626
Mt. Bambou
Anse du Grand Sable
Ilot Flamants
Ile aux Oiseaux
Pointe du Diable
Anse du Petit Sable
French Batteries
Anse Bambou
Anse Jonchée
Bambous Virieux
Providence
Bois des Amourettes
Ile Marianne
South Entrance
Ile aux Fouquets
Ile de la Passe
Ile aux Aigrettes
Indischer Ozean
9
10
11
12
0
6 km
N
© MERIAN-Kartographie

A
Albion ❍ 118, C5
Alma Hill ▲ 119, F5
Alma ❍ 119, F5
Amaury ❍ 117, D4
Anse Bambou ~ 121, D10
Anse Colas ~ 120, C11
Anse Courtois ▲ 116, B4
Anse Cunat ~ 121, D10
Anse de la Petite Vallée ~ 117, F1
Anse du Grand Sable ~ 121, D10
Anse du Petit Sable ~ 121, D10
Anse Jonchée ~ 121, D10
Anse Jonchée ❍ 121, D10
Anse St-Martin ~ 118, C8
Aquarium ★ 116, C3
Arsenal ❍ 116, C3
Astroea ❍ 119, F7

B
Bagatelle ❍ 119, E5
Baie aux Tortues ou de l'Arsenal ~ 116, B3
Baie de la Grande Rivière Noire ~ 118, C6
Baie de la Grande Rivière Nord-Ouest ~ 116, A4
Baie de la Petite Rivière ~ 118, C5
Baie de la Petite Rivière Noire ~ 118, C7
Baie du Cap ~ 118, B8
Baie du Cap ❍ 118, C8
Baie du Jacotet ~ 119, D8
Baie du Tamarin ~ 118, C6
Baie du Tombeau ~ 116, B3
Baie du Tombeau ❍ 116, B3
Baie la Rivière ~ 117, E3
Balisson ❍ 119, F7
Bambou Mountains ▲ 120, C10
Bambous ❍ 118, C5
Bambous Virieux ❍ 121, D10
Bananes ❍ 119, F6
Barachois ~ 117, D2
Barlow ❍ 117, D4
Bassin Bernard ~ 117, E2
Bassin ❍ 119, D6
Batimarais ❍ 119, E8
Beau Bassin ❍ 119, D5
Beau Bois ❍ 119, E5
Beau Bois ❍ 119, E8
Beau Champ ❍ 119, D8
Beau Champ ❍ 121, D9
Beau ❍ 117, D2
Beau Plan ❍ 116, C3
Beau Vallon ❍ 120, C11
Beaux Songes ❍ 118, C5
Bel Air (Rivière Sèche) ❍ 121, D9
Bel Ombre ❍ 118, C8
Belle Etoile ❍ 119, D5
Belle Mare Plage ~ 117, F4
Belle Mare ❍ 117, F4
Belle Rose ❍ 119, D5
Belle Rose ❍ 121, D9
Belle Terre ❍ 119, E5
Belle Vue Harel ❍ 116, C3
Belle Vue Maurel ❍ 117, D4
Belvédère ❍ 117, D4
Benares ❍ 119, F8
Bety ▲ 119, F6
Bird Reserve ★ 116, B4
Black River Aviary ★ 118, C6
Blanche Mountain ▲ 120, C9
Blue Bay ~ 120, C12
Bois Chéri ❍ 119, E7
Bois d'Oiseaux ❍ 117, E4
Bois des Amourettes ❍ 121, D10
Bois Sec N. R. ▲ 119, D7
Bon Acceuil ❍ 117, D4
Bon Courage ❍ 118, C8
Botanical Gardens ★ 119, E6
Bramsthan ❍ 121, D9
Bras de Mer Belcourt ~ 117, F4
Butte à l'Herbe △ 117, D2
Butte aux Sables △ 119, F8

C
Cabinet N. R. ▲ 119, D6
Cachette ❍ 118, C7
Calebasses ▲ 116, C4
Camp Accacia ❍ 120, C12
Camp Bestel ❍ 116, C3
Camp Bonnemère ❍ 120, C9
Camp Créoles ❍ 118, C5
Camp Diable ❍ 119, F8
Camp la Savanne ❍ 119, D6
Camp Mapou ❍ 119, D6
Camp Poule ❍ 119, F8
Camp Thorel ❍ 119, F5
Canal ~ 117, D4
Candos Hill ▲ 119, D6
Canot ❍ 118, C5
Cap Malheureux △ 117, D2
Cap Malheureux ❍ 117, D2
Carson Tea Estate ★ 119, E6
Cascavelle ❍ 118, C6
Casela Bird Park ★ 118, C6
Casse Noyale ▲ 118, C7
Caves Point ★ 116, A4
Centre de Flacq ❍ 117, E4
Chamarel ❍ 118, C7
Chamarel Waterfall ★ 118, C7
Channel ~ 117, D3
Channel ~ 118, C5
Château de Villebague ★ 117, D4
Chemin Grenier ❍ 119, D8
Circonstance ❍ 119, E5
Clarence ❍ 118, C6
Clemencia ❍ 121, D9
Cluny ❍ 119, F7
Combo Nature Reserve ▲ 119, E8
Congomah ❍ 116, C4
Constance ❍ 117, E4
Corps de Garde Nature Reserve ☆ 119, D5
Corps de Garde ▲ 119, D5
Côte d'Or ❍ 119, E5
Coteau Raffin ❍ 118, B7
Cratère Kanaka ★ 119, E7
Créole Mountain Range/Mt. des Hollandais ▲ 120, C10
Curepipe ❍ 119, E6
Curepipe Point ▲ 119, E6
Curepipe ▲ 119, D6

D
Deep River ~ 121, D10
Deep River ❍ 121, D9
Deux Frères ❍ 121, D10
Domaine de l'Ylang Ylang ★ 121, D10
Domaine du Chasseur Nature Reserve ☆ 120, C10
Domaine Les Pailles ★ 119, D5
Dubreuil ❍ 119, F6

E
Eau Bleue Reservoir ~ 119, F6
Ecroignard ❍ 121, D9
Ernest Florent ❍ 121, D9
Espérance ❍ 119, F5

F
Fantaisie ▲ 118, C8
Fayence Mt. ▲ 120, C9
Ferney ❍ 120, C10
Ferrette ▲ 119, E6
Flat Island (Ile Plate) △ 117, D1
Flic en Flac ❍ 118, C5
Floréal ❍ 119, E6
Fond du Sac ❍ 116, C3
Forbach Hill ▲ 117, D3
Forbach ❍ 117, D3
Fort George ★ 116, B4
Frederica ❍ 119, D8
French Batteries ★ 121, D10

G
Gabriel Island (Ile Gabriel) △ 117, E1
Germain ❍ 117, D2
Glen Park ❍ 119, D6
Gokoola ❍ 117, D3
Goodlands ❍ 117, D3
Gorges de la Rivière Noire ☆ 118, C7
Gouly Père N. R. ☆ 119, D7
Gr. Rivière Noire ~ 118, C7
Gran des Gorges ★ 119, D7
Grand Baie ~ 116, C2
Grand Baie ❍ 116, C2
Grand Bassin ~ 119, D7
Grand Bel Air ❍ 120, C11
Grand Bois ❍ 119, E7
Grand Gaube ❍ 117, D2
Grand Retraite ❍ 117, E4
Grand Sable ❍ 121, D10
Grande Case Noyale ❍ 118, C7
Grande Pointe aux Piments ❍ 116, B3
Grande Pointe △ 117, E3
Grande Rivière Noire ❍ 118, C6
Grande Rivière Sud-Est ~ 119, F6
Grande Rivière Sud-Est ~ 121, D10
Grande Rivière Sud-Est ❍ 121, E10
Grande Rosalie ❍ 117, D4
Grande Savanne ▲ 119, E7
Gros Billot ❍ 119, F7
Gros Bois ❍ 119, F7
Gros Cailloux ❍ 118, C5
Gunner's Quoin (Coin de Mire) △ 117, D1

H
Helvetia ❍ 119, E5
Hermitage ❍ 119, E5
Highlands ❍ 119, E5

I
Ile aux Aigrettes △ 121, D11
Ile aux Bénitiers △ 118, B7
Ile aux Cerfs ★ 121, E9
Ile aux Chats △ 121, E10
Ile aux Fouquets △ 121, D11
Ile aux Lubines △ 121, E9
Ile aux Oiseaux △ 121, E10
Ile d'Ambre △ 117, E3
Ile de l'Est △ 121, E9
Ile de la Passe △ 121, D11
Ile des Deux Cocos △ 120, C12
Ile du Hangard △ 121, D11
Ile Marianne △ 121, E11
Ile Vacoas △ 121, E9
Ilot Flamants △ 121, E10
Ilot Fortier △ 118, C7
Ilot Fourneau △ 118, B8
Ilot ❍ 116, C4
Ilot Malais △ 118, C7
Ilot Maunick △ 117, E3
Ilot Sancho △ 119, D8
Irrigation Channel ~ 120, C9

J
Jurancon ▲ 119, E8

K
Khoyratty ❍ 116, C4
Koenig's Tower ★ 116, B4

L
L'Avenir ❍ 119, E5
L'Embrasure ❍ 118, B8
L'Escalier ❍ 119, F8
L'Espoir ❍ 116, C3
L'Unité ❍ 120, C9
La Cocoterie ❍ 116, B4
La Commune ❍ 121, D10
La Dagotière ❍ 119, E5
La Ferme Reservoir ~ 118, C5
La Flora ❍ 119, E7
La Gaulette ❍ 118, B7
La Marie ❍ 119, D6
La Mecque ❍ 118, C5
La Mivoie ❍ 118, C6
La Nicolière ~ 117, D4
La Peyre ▲ 119, E6
La Roche qui Pleure ★ 119, E8
La Sourdine ❍ 119, F8
La Vanille Crocodile Park ★ 119, E8
Labourdonnais ❍ 117, D3
Lalmatie ❍ 117, D4
Laventure ❍ 117, E4
Le Bocage ❍ 119, D5
Le Bouchon ❍ 120, C12
Le Cap ▲ 118, C8
Le Chaland ❍ 120, C12
Le Goulet ❍ 116, B3
Le Gris Gris △ 119, E8
Le Morne ❍ 118, B7
Le Morne Brabant ▲ 118, B8
Le Petit Cap △ 118, C8
Le Pétrin ❍ 119, D7
Le Pouce ▲ 116, B4
Le Souffleur ★ 120, C12
Le Val Nature Park ☆ 119, F7
Les Mares N. R. ▲ 119, D7
Les Mariannes ❍ 116, C4
Les Salines ❍ 118, C7
Lesur ❍ 120, C10
Linge Barrique ❍ 119, D7
Lion Mt. ▲ 121, D10
Long Mountain ▲ 116, C4

M
Macchabee Bel Ombre Nature Reserve ☆ 119, D7
Mahébourg ❍ 120, C11
Maheswarnath Hindu Temple ★ 116, C3
Malenga ❍ 119, E5
Mapou ❍ 117, D3
Mare aux Trois Ilots ~ 121, D9
Mare aux Vacoas ~ 119, D7
Mare Casse Ghoon ~ 117, F4
Mare d'Albert ❍ 119, F7
Mare d'Australia ❍ 117, D4
Mare du Puit ~ 121, D9
Mare Jacot ❍ 120, C9
Mare La Chaux ❍ 121, D9
Mare Longue Reservoir ~ 119, D7
Mare Ory ❍ 119, D7
Mare Planche ~ 121, E9
Mare Sarcelle ~ 117, E4
Mare Sèche ▲ 116, C2
Mare Tabac ❍ 119, F7
Mare Tatos ~ 121, D9
Médine ❍ 118, C5
Médine ❍ 120, C9
Melotte ❍ 116, C4
Melrose ❍ 119, F5
Midlands ❍ 119, E6
Midlands ❍ 119, F6
Moka ❍ 119, D5
Mon Loisir ❍ 117, E3
Mon Trésor-Mon Désert ❍ 120, C12
Mont Choisy ❍ 116, C2
Mont Ida ❍ 119, F5
Mont la Terre ▲ 119, F5
Montagne Blanche ❍ 120, C10
Montagne Maurice ▲ 120, C10
Monument Commerson ★ 117, E4

Monument Special Mobile Force ★ 117, E4
Monument to the Dutch ★ 120, C11
Morcellement St-Andre ❍ 116, C3
Moulin à Poudre ❍ 116, C3
Mt. Bambou ▲ 121, D10
Mt. Barle Duc (Ripailles Hill) ▲ 119, F5
Mt. Blanche ▲ 120, C9
Mt. Brise Fer ▲ 118, C7
Mt. Cocotte ▲ 119, D7
Mt. d'Hauvillard ▲ 119, E6
Mt. des Créoles ▲ 120, C11
Mt. Deux Mamelles ▲ 119, E5
Mt. du Rempart ▲ 118, C6
Mt. Lagrave ▲ 119, F6
Mt. Perruche ▲ 119, E7
Mt. Piton ▲ 117, D4
Mt. Virer ▲ 116, C3
Musée Nautique ★ 120, C11
Museum ★ 119, E8

N
Nature Reserve ☆ 117, D1
New Grove ❍ 119, F7
Nicolière Mt. ▲ 117, D4
Notre-Dame ❍ 116, C4
Nouvelle Découverte ❍ 116, C4
Nouvelle Découverte ▲ 117, D4
Nouvelle France ❍ 119, E7

O
Olivia ❍ 121, D10

P
Pailles ❍ 116, B4
Palma ❍ 119, D6
Palmar ❍ 121, D9
Palmyre ❍ 118, C6
Pamplemousses ❍ 116, C3
Passe d'Oscorne ~ 117, E2
Passe de la Prairie ~ 118, B8
Passe des Citronniers ~ 117, E3
Passe des Goelettes ~ 117, E3
Passe des Pirogdes ~ 117, E3
Passe Latazar ~ 117, E2
Passe St-Jacques ~ 118, B8
Passe Vacaos ~ 117, D2
Pavillon du Grand Port ❍ 121, D11
Pavillon ❍ 117, D2
Péreybère ❍ 116, C2
Perrier N. R. ▲ 119, D6
Petit Camp ❍ 119, D5
Petit Gamin ❍ 116, B3
Petit Moka ❍ 118, C7
Petit Paquet ❍ 117, D2
Petit Paquet ❍ 120, C9
Petit Raffray ❍ 117, D2
Petit Verger ❍ 116, A4
Petite Julie ❍ 117, D4
Petite Rivière ❍ 116, A4
Petite Rivière Noire ❍ 118, C7
Petite Rivière ▲ 118, C5
Phoenix ❍ 119, E6
Pic Grand Fond ▲ 120, C10
Pieter Both ▲ 116, C4
Pigeon House Rock △ 117, D1
Piton de la Petite Rivière Noire ▲ 118, C7
Piton du Fouge ▲ 118, B8
Piton du Milieu Reservoir ~ 119, F6
Piton Grand Bassin ▲ 119, D7
Piton ❍ 117, D3
Piton ▲ 117, D3
Piton Savanne ▲ 119, D8
Plaine Champagne ▲ 118, C7
Plaine des Papayes ❍ 116, C3
Plaine des Roches ▲ 117, D4
Plaine Magnien ❍ 120, C11
Plaine St-Pierre ▲ 118, C5
Plaines des Roches ❍ 117, E4
Plaisanse ❍ 120, C11
Plein Bois ❍ 119, F8
Pointe aux Boeufs △ 121, E9
Pointe aux Cannoniers ❍ 116, C2
Pointe aux Caves △ 116, A4
Pointe aux Feuilles ❍ 121, D10
Pointe aux Sables ❍ 116, A4
Pointe Brocus △ 120, C11
Pointe Citronniers △ 118, C8
Pointe Corail de la Prairie △ 118, B8
Pointe d'Azur △ 116, C2
Pointe d'Esny ❍ 121, D11
Pointe de Flacq △ 117, F4
Pointe de l'Embarcadère △ 117, E3
Pointe de la Batterie △ 121, E10
Pointe de Roche Noire △ 117, F3
Pointe des Deux Cocos △ 121, D11
Pointe des Lascars ❍ 117, E3
Pointe des Puits △ 117, F4
Pointe du Diable ❍ 121, D10
Pointe du Diable ❍ 121, D10
Pointe du Tamarin △ 118, C6
Pointe Eglise Paresseuse △ 116, C2
Pointe l'Hortal △ 117, D2
Pointe Lafayette △ 117, F4
Pointe Lascars △ 117, E3
Pointe Moyenne △ 118, C5
Pointe Oscorne △ 117, E2
Pointe Pecheurs △ 118, B7
Pointe Petite Rivière △ 118, C5
Pointe Quatre Cocos △ 121, E9
Pointe Roche Noire △ 116, B4
Pointe Sud Flic en Flac △ 118, C6
Pointe Sud-Ouest △ 118, B8
Pointe Vacoas △ 120, C12
Pont Colville ❍ 119, E7
Pont Lardier ❍ 121, D9
Pont Naturel ★ 120, C12
Port Louis ❍ 116, B4
Poste de Flacq ❍ 117, E4
Poste la Fayette ~ 117, F4
Pouce N. R. ▲ 116, B4
Pouce Valley ▲ 116, B4
Poudre d'Or Hamlet ❍ 117, D3
Poudre d'Or ❍ 117, E3
Poudre d'Or ▲ 117, E3
Providence ❍ 117, E4
Providence ❍ 119, F5
Providence ❍ 121, D10

Q
Quartier Militaire ❍ 119, F5
Quartier Militaire ▲ 119, F5
Quatre Bornes ❍ 119, D5
Quatre Soeurs ❍ 121, D10

R
R. Bain des Negresses ~ 119, E7
R. Boucan ~ 118, C6
R. Cascade ~ 119, E5
R. Citrons ~ 116, B3
R. Coignard ~ 120, C9
R. d. Poste de Flacq ~ 120, C9
R. d. Rempart ~ 118, C6
R. des Créoles ~ 120, C11
R. des Galets ~ 119, D8
R. Dragon ~ 119, E8
R. du Paste ~ 119, F7
R. du Poste ~ 119, E7
R. du Rempart ~ 117, D4
R. Eau Bleue ~ 119, F6
R. Françoise ~ 117, E4
R. Françoise ~ 119, F5
R. Françoiseor du Boucan ~ 119, F5
R. La Chaux ~ 120, C11
R. Labourdonnais ~ 116, C4
R. Moka ~ 119, E5
R. Noire ~ 119, D7
R. Nyon ~ 120, C10
R. Papayes ~ 119, D6
R. Patates ~ 119, D8
R. Savanne ~ 119, E8
R. Sèche ~ 121, D9
R. St-Amand ~ 119, F8
R. St-Denis ~ 118, C7
R. Tabac ~ 119, F8
R. Tamarin ~ 119, D6
R. Terre Rouge ~ 119, E5
R. Vacaos ~ 119, F6
Réduit ❍ 119, D5
Reservoir ~ 119, E5
Réunion ❍ 119, D6
Riambel ❍ 119, E8
Riche en Eau ❍ 120, C11
Richelieu ❍ 116, B4
Ripailles ❍ 119, F5
Rivière des Anguilles ~ 119, E7
Rivière des Anguilles ❍ 119, E8
Rivière des Créoles ❍ 120, C11
Rivière Dragon ❍ 119, E7
Rivière du Bois ▲ 119, F6
Rivière du Poste ❍ 119, F7
Rivière du Rempart ❍ 117, E3
Roche Bois ❍ 116, B4
Roche Terre ❍ 117, D2
Roches Noires ❍ 117, E3
Rochester Falls ★ 119, E8
Rose Belle ❍ 119, F7
Rose Hill ❍ 119, D5

S
Sainte-Croix ❍ 116, B4
Salazie ❍ 117, D4
Savannah ❍ 119, F8
Savanne Mountains ▲ 119, D7
Savinia ❍ 119, F8
Sebastopol ❍ 120, C10
Seizième Mille ❍ 119, E6
Senneville ❍ 119, E8
Shandrani ★ 120, C12
Signal Mountain ▲ 116, B4
Simonet ▲ 119, D6
Sir Anerood Jugnauth Stadium ★ 116, C3
Solitude ❍ 116, C3
Souffleur ❍ 120, C12
Souillac ❍ 119, E8
South Entrance ~ 121, D11
SSR Botanical Gardens ★ 116, C3
SSR National Hospital ★ 116, C3
St-Antoine ❍ 117, D3
St-Antoine ❍ 119, E5
St-Aubin ❍ 119, E8
St-Felix ❍ 119, D8
St-François ★ 116, C3
St-François ❍ 117, D2
St-Hubert ❍ 120, C11
St-Julien d'Hotman ❍ 119, F5
St-Julien ❍ 120, C9
St-Martin ❍ 118, C8
St-Pierre ❍ 119, E5
Ste-Philomène Church Tower ★ 117, E3
Surinam ❍ 119, D8

T
Tamarin Estate ❍ 118, C6
Tamarin Falls ★ 119, D6
Tamarin Falls Reservoir ~ 119, D6
Tamarin ❍ 118, C6
Tamarin Mt. ▲ 118, C6
Tamarin ▲ 118, C6
Telfair ❍ 119, E5
Terre Rouge ❍ 116, B4
Terres des Couleurs ★ 118, C7
The Mount ❍ 117, D3
The Mount ▲ 117, D3
The Vale ❍ 116, C2
Tour Martello de l'Hormonie ★ 118, B7
Tourelle du Tamarin ▲ 118, C6
Triolet ❍ 116, C3
Trois Boutiques ❍ 120, C12
Trois Mts. ▲ 119, D6
Trou aux Biches ❍ 116, C3
Trou aux Cerfs ★ 119, E6
Trou d'Eau Douce ❍ 121, D9
Tyack ❍ 119, E8

U
Union Flacq ❍ 120, C9
Union Park ❍ 119, F7

V
Vacoas ❍ 119, D6
Vacoas Mts. ▲ 119, D6
Valetta ❍ 119, E5
Valruche ❍ 119, D8
Valton ❍ 116, C4
Verdum ❍ 119, E5
Verdun Hill ▲ 119, E5
Vieux Grand Port ❍ 120, C11
Villa Eureka ★ 119, D5
Villa Labourdonnais ★ 117, D3
Villa Pointe aux Roches ★ 119, D8
Ville Bague ❍ 117, D4
Ville Bague ▲ 117, D4
Ville Noire ❍ 120, C11

W
West Peak ▲ 120, C9
Wolmar ❍ 118, C6

Y
Yemen ❍ 118, C6

Zeichenerklärung
❍ Orte
△ Kap, Insel
▲ Gebirge
~ Gewässer, Strand
★ Sehenswürdigkeit
☆ Nationalpark

Hier finden Sie alphabetisch aufgeführt alle in diesem Band beschriebenen Orte und Ziele, Routen und Touren. Bei einzelnen Sehenswürdigkeiten steht jeweils der dazugehörige Ort in Klammern, bei Hotels steht zusätzlich die Abkürzung H für Hotel. Außerdem enthält das Register wichtige Stichworte sowie alle MERIAN-TopTen und MERIAN-Tipps dieses Reiseführers. Wird ein Begriff mehrfach aufgeführt, verweist die **fett** gedruckte Zahl auf die Hauptnennung im Band.

A

Ambre (H, Belle Mare Plage) 61
Anreise mit dem Flugzeug 106
Anreise mit dem Schiff 107
Anreise und Ankunft 106
Anse Ally (Rodrigues) 92
Anse Jonchée **59**, 81
Ausflüge 107
Auskunft 108

B

Baie du Cap 67, 85
Baie du Jacotet 85
Bay View Hotel (H, Port Louis) 44
Beau Bassin 51
Belle Mare 33, 59, **60**, 81
Belle Mare Plage 60, 81
Belle Mare Plage (H, Belle Mare) 60
Berjaya Le Morne Resort (H, Le Morne Brabant) 77
Bevölkerung 108
Blue Bay 34, 67
Bootstouren 38
Botanischer Garten (Curepipe) 73
Bourbon Tourist Hotel (H, Port Louis) 44
Buchtipps 108

C

Camp Poule 85
Cap Malheureux 34, **53**, 86
Casela Bird Park (Flic en Flac) **76**, 83
Centre de Flacq 80
Chamarel 71, **72**, 83, 84, 87
Champ de Mars (MERIAN-TopTen, Port Louis) 7, **46**
Château Mon Plaisir (Pamplemousses Gardens) 89
Club Méditerranée (H, Pointe aux Canonniers) 55
Coco Beach (H, Poste de Flacq) 37, **61**
Coin de Mire 86
Commonwealth of Nations 10
Curepipe 7, 71, **73**, 83

D

Diplomatische Vertretungen 108
Domaine de l'Ylang Ylang **59**
Domaine du Chasseur **59**
Domaine les Pailles (MERIAN-TopTen) 37, **50**, 82

E

Einkaufen 22
Einreise 108
Einwohnerzahl 106
Erkundungstouren per Bus oder Sammeltaxi (MERIAN-Tipp) 112
Essdolmetscher Englisch/Deutsch 102
Essdolmetscher Französisch/Deutsch 104
Essen und Trinken 18

F

Fahrrad Fahren 31
Familientipps – Hits für Kids 36
Feiertage 109
Fernsehen **109**, 111
Feste und Events 26
First Restaurant (MERIAN-Tipp, Port Louis) 5
FKK 109
Flic en Flac 34, 72, **75**
Floréal (Curepipe) 83
Fluggesellschaften 107
Flughafensteuer 107
Fotografieren 109
Fred's Apartment (H, Cap Malheureux) 53

G
Geld 109
Geografie 110
Geschäftszeiten 110
Geschichte 96
Glücksspiel 10, 44, **110**
Golf 31
Goodlands **54**, 86
Government House (Port Louis) 45, **46**
Grand Baie 9, 34, **54**
Grand Bassin (MERIAN-Tipp) **76**, 83, 84
Grande Case Noyale 84, **87**
Grande Pointe aux Piments 34

H
Heiraten 13, 64, **110**
Hochseefischen 32
Hochzeit 13, **64**, 110
Hotel Continental (H, Curepipe) 74
Hotels Luxusklasse 17
Hotels Mittelklasse 17
Hotels Oberklasse 17
Hubschrauberflüge 38

I
Ile aux Cerfs 34, 59, **62**, 81
Ile aux Fouquets 81
Ile aux Goyaviers 80
Ile aux Oiseaux 81
Ile de la Passe 81
Ile Gabriel 86
Ile Plate 86
Ilot Flamants 81
Ilot Sancho 85
Internet 110

J
Jummah Moschee (Port Louis) 45, **47**

K
Kashinath Mandir (Poste de Flacq) 80
Krankenhäuser 111
Kuxville (H, Cap Malheureux) 53

L
La Citadelle (Fort Adélaïde) 47
La Licorne (Rodrigues) 92
La Marie 84
La Residence (H, MER IAN-Tipp Belle Mare) 9, 53, **61**, 81
La Réunion 7
La Roche qui Pleure **67**
La Vanille Crocodile Park 67, **69**
Labourdonnais Waterfront Hotel (H, Port Louis) 44
Lagune Le Morne 34
Le Caudan Waterfront (MERIAN-TopTen, Port Louis) 23, 44, **46**, 49
Le Grand Gaube (H, Goodlands) **54**, 86
Le Gris Gris 11, **67**
Le Morne 71
Le Morne Brabant 71, **77**, 84
Le Paradis (H, Le Morne Brabant) 77
Le Pouce 51
Le Saint-Georges Hotel (H, Port Louis) 44
Le Saint-Géran Golf Club & Casino (H, Poste de Flacq) 60
Le Souffleur 67, 85
Le Touessrok (H, Trou d'Eau Douce) **61**, 81
Le Val Nature Park 61
Le Victoria (H, Pointe aux Piments) 55
Lion Mountain 81

M
Mahébourg 59, **62**, 80, 81
Mandarin (H, Curepipe) 74
Marché Central (Port Louis) 45, **47**
Mare aux Vacoas 83, 84
Maritim (H, Grand Baie) 56
Maskarenen 7
Mauritius Museum Council (Port Louis) 48
Mauritius-Institut (Port Louis) 45
Medizinische Versorgung 111
Mietwagen 112
Modellschiffe aus Curepipe (MERIAN-Tipp) **75**, 84
Moka 83
Mont Choisy 34, 53
Mont Limon (Rodrigues) 92
Mont Lubin (Rodrigues) 92
Montagne Bambous 59
Musée Nautique (MERIAN-TopTen, Mahébourg) **63**, 81

N
Naschen zum Nulltarif (MERIAN-Tipp) 37
Naturhistorisches Museum (Port Louis) 46
Nebenkosten in Euro 109
Norden 7, **52**, 86
Notruf 111

O
Osten 11

P
Palissades (Rodrigues) 92
Palmar 34
Pamplemousses 53
Pamplemousses Gardens (MERIAN-TopTen) **57**, 88
Parasailing 6, **32**
Parc National Gorges de la Rivière Noire 11, 71, 83, 84

Paul und Virginie (MERIAN-Tipp, Curepipe) **71**, 83
Père-Laval-Tag (MERIAN-Tipp, Port Louis) **27**, 47
Péreybère 34, 53
Piton de la Petite Rivière Noire 87
Plaine Champagne **77**, 83
Plaine Corrail (Rodrigues) 92
Plaine Magnien 84
Pointe aux Cannoniers 34, 53, 55
Pointe d'Esny 34
Politik 10
Port Louis 7, **42**, 82
Port Mathurin (Rodrigues) 91
Post 111
Poste de Flacq 80
Poste la Fayette 35

Q

Quartier Chinois (MERIAN-TopTen, Port Louis) **47**
Quatre Bornes 7, **51**

R

Radio 111
Reiseknigge 111
Reisewetter 111
Reiten 32
Religion 10
Restaurant Mon Desir (MERIAN-Tipp, Grand Baie) **19**, 57
Riambel 85
Rivière des Anguilles 67
Rivière du Cap 11
Rivière du Rempart 53, **80**
Robert Edwart Hart Museum (Souillac) 69
Roches Noires 35
Rochester Falls **67**, 85
Rodrigues 7, **90**
Rose Belle 84
Rose Hill 51
Routen 80, 82, 84, 86, 87, 88, 90
Royal Palm (H, Grand Baie) 9, 17, 53, **55**
Rum **21**, 25

S

Saint-François (Rodrigues) 92
Saint-Louis (Port Louis) 47
Sega 12, **111**
Segeln 32
Senneville 67
Shandrani (H, Mahébourg) 63
Shellorama (Flic en Flac) 76
Shopping am Strand (MERIAN-Tipp) 23
Signal Mountain (Port Louis) 48
Slafaa-Arkaden (Curepipe) 73
Sofitel Imperial (H, Flic en Flac) 75
Souillac **68**, 85
Spielcasino 10, 44, 110
Sport und Strände **30**, 31
Sprache 112
Sprachführer Deutsch/Englisch 98
Sprachführer Deutsch/Französisch 100
Strände 31, **33**
Strom 112
Süden **66**, 84

T

Tamarin 83
Tauchen 35
Taxi 114
Telefon 112
Tempel Lam Soon (Port Louis) 48
Terres des Couleurs 71, **83**
The Little Acorn (H, Flic en Flac) 76
The Nilaya (H, Flic en Flac) 76
The Sands Hotel (H, Flic en Flac) 76
Touren 80, 82, 84, 86, 87, 88, 90
Transfer zum Hotel 107
Trekking 35
Trinkgeld 112
Trinkwasser 112
Trou aux Biches 35, 53
Trou aux Cerfs (Curepipe) 74
Trou d'Eau Douce **35**, 81

U

Unterkünfte 16
Übernachten 16

V

Vacoas 87
Verkehrsverbindungen 112
Vieux Grand Port 81
Villa Eureka (MERIAN-TopTen) **51**, 83
Villas Pointe aux Roches (H, Souillac) 68

W

Wechselkurse 109
Westen **70**, 82
Worldwide Mask Museum (Domaine Les Pailles) 51

Z

Zeit 114
Zoll 114
Zuckerrohr 10, 86, **114**